THE ULTIMATE
POLISH
PHRASE BOOK
1001 POLISH PHRASES FOR
BEGINNERS AND BEYOND!

D1521614

BY ADRIAN GEE

ISBN: 979-8-866355-63-1

Author's Note

Welcome to "The Ultimate Polish Phrase Book!" It's my pleasure to escort you through the vibrant landscape of the Polish language, celebrated for its heartfelt expressions and storied past. Whether your imagination is captured by the Gothic architecture of Kraków, the tranquil waters of the Great Masurian Lakes, the modern vigor of Warsaw, or simply by the intricate weave of Polish history and its expressive tongue, this book is designed to make your Polish learning both delightful and fulfilling.

As a fervent language enthusiast and a devoted educator, I resonate with the challenges and joys that come with learning a new language. This phrasebook is born of my desire to furnish you with a comprehensive and intuitive resource that will support you in your Polish conversations, making them engaging and spirited.

Connect with Me: Language learning, for me, goes beyond the acquisition of vocabulary and grammar—it's an exciting adventure into creating bonds and understanding the nuances of different lifestyles and perspectives. I warmly encourage you to join me and a community of fellow language aficionados on Instagram: @adriangruszka.

Sharing is Caring: Should this phrase book play a pivotal role in your Polish language exploration, I would be overjoyed if you would recommend it to others who share our passion for language acquisition. If you feel moved to document your progress in Polish on Instagram, don't hesitate to tag me – I am eager to applaud your advancements and share in your excitement!

Delving into a new language is akin to navigating a labyrinth rich with knowledge, narratives, and friendships. Embrace the learning curves, savor your milestones, and cherish each interaction within your Polish linguistic journey.

Powodzenia! (Good luck!)

-Adrian Gee

CONTENTS

INTRODUCTION

Witajcie! (Welcome!)

Whether you're envisioning the bustling streets of Warsaw, the picturesque views of the Tatra Mountains, eager to connect with Polish speakers, or simply drawn to Polish out of pure fascination, this phrase book is your trusty guide.

Setting out to learn Polish is akin to being handed a key to a realm steeped in history, resilience, and rich traditions. Polish, with its heartfelt sounds and complex grammar, offers more than just linguistic skills; it's an invitation to partake in a heritage known for its poignant poetry, vibrant folklore, and heartfelt hospitality.

Dlaczego polski? (Why Polish?)

With over 40 million speakers, Polish is not only the language of the proud and valiant nation of Poland but also a significant language in communities around the world. As a Slavic language, it's an essential tool for anyone with Polish heritage, as well as travelers and businesspeople who venture into Central and Eastern Europe.

Wymowa (Pronunciation)

Before you leap into the myriad phrases and sayings, it's crucial to familiarize yourself with Polish's phonetic character. Every language dances to its own rhythm, and Polish captivates with its honest and soulful resonance. Although its consonant clusters and nasal sounds may initially seem daunting, your perseverance will turn the challenge into a satisfying aspect of the learning process.

Polish pronunciation is characterized by its vibrant consonants and soft yet assertive vowels. The buzz of 'sz', the hiss of 'cz', and the melody of voiced and voiceless sounds distinguish it from its linguistic neighbors. Achieving clarity in your pronunciation not only paves the way for effective communication but also deepens your connection with those who call Polish their mother tongue.

Alfabet polski (The Polish Alphabet)

The Polish alphabet is an extension of the Latin script but with some additional letters to represent the unique Polish sounds. Understanding the pronunciation of each letter is essential for correct speech and a deep appreciation of the language's nuances:

Vowels (Samogłoski)

A (a): Similar to the "a" in "father."
E (e): As in the "e" in "bet."
I (i): Like the "ee" in "see."
O (o): Comparable to the "o" in "more."
U (u): Pronounced like the "oo" in "moon."
Y (y): A short, central vowel, somewhat like the "i" in "bit."
Ą (ą): A nasal sound, somewhat like "on" in French "bon."
Ę (ę): Also nasal, similar to "en" in French "bien."

Consonants (Spółgłoski)

B (b): Like the English "b" in "bat."
C (c): As the "ts" in "cats."
Ć (ć): A soft "ch" sound, like in "cheek" but softer.
D (d): Like the English "d" in "dog."
F (f): As the "f" in "far."
G (g): Similar to the "g" in "go."
H (h): Like the English "h" in "hat."

Ch (ch): A guttural sound, like the Scottish "loch."
J (j): Like the "y" in "yes."
K (k): As the "k" in "cat."
L (l): Like the "l" in "love."
Ł (ł): Sounds like the English "w" in "water."
M (m): As the English "m" in "mother."
N (n): Like the "n" in "nice."
Ń (ń): As the "ni" in "onion."
P (p): Like the English "p" in "pen."
R (r): A rolled "r," similar to Spanish or Italian.
S (s): As the "s" in "see."
Ś (ś): A soft "sh" sound, like "she."
T (t): Similar to the "t" in "top."
W (w): Like the "v" in "vine."
Z (z): As the "z" in "zoo."
Ź (ź): A soft "zh" sound, like "pleasure."
Ż (ż): A harder "zh," like the "s" in "measure."

The Polish alphabet contains a few more letters with diacritical marks (kreski and kropki) that modify their basic sound. These include:

Cz (cz): Like the "ch" in "chop."
Sz (sz): As the "sh" in "shut."
Dz (dz): Similar to "ds" in "beds."
Dż (dż): Like the "j" in "judge."
Dź (dź): A soft "j," similar to "g" in "gem."

In Polish, the letters Q, V, and X are also used but only in words of foreign origin and their pronunciation depends on the language from which the word is derived.

Understanding these letters and their sounds will significantly aid your Polish pronunciation and your ability to grasp the musicality of spoken Polish. With practice, speaking Polish will become a harmonious and enjoyable part of your linguistic journey.

Akcentowanie i Intonacja (Stress and Intonation)

Polish intonation and stress patterns can be quite distinctive. Typically, the stress is placed on the penultimate (second-last) syllable in Polish words. Understanding the rhythm of sentences and the nuances of emphasis is vital for capturing the true spirit of the Polish language.

Common Pronunciation Challenges

Miękkie i Twarde Spółgłoski

Polish is notable for its soft (miękkie) and hard (twarde) consonant sounds, determined by the letters that follow them or by diacritical marks. These subtle shifts can affect the meaning and are an essential aspect of the language that learners should pay close attention to.

Tips for Practicing Pronunciation

1. **Słuchaj Uważnie (Listen Carefully):** Engaging with Polish media, such as music, films, and radio, can significantly enhance your familiarity with the language's rhythms.

2. **Powtarzaj za Rodowitym Mówcą (Repeat After a Native Speaker):** Mimicking a native speaker can greatly improve your accent.

3. **Użyj Lustra (Use a Mirror):** Observing your mouth and facial movements can help in producing the correct sounds.

4. **Ćwicz Regularnie (Practice Regularly):** Frequent practice solidifies your pronunciation skills.

5. **Nie Bój Się Błędów (Don't Fear Mistakes):** Embrace mistakes as they are a natural step in the learning process.

Clear pronunciation is the key to unlocking the full potential of dialogue in Polish. Dedicate yourself to mastering the crisp consonants and vibrant vowels, and you will find that the language's complex beauty unfolds before you effortlessly. From the softened sounds of 'ś' and 'ź' to the vibrant trills of 'r', each syllable carries the weight of centuries of culture. With persistent effort and a keen ear for the language's melodic ebb and flow, your ability to communicate in Polish will not only become more effective but also more eloquent.

What You'll Find Inside

- **Podstawowe Zwroty (Essential Phrases):** Hand-picked sentences and expressions for a variety of scenarios in Polish-speaking contexts.

- **Interaktywne Ćwiczenia (Interactive Exercises):** Designed to test and enhance your use of the language.

- **Wgląd w Kulturę (Cultural Insights):** Explore the rich heritage of Polish-speaking countries, from traditional customs to culinary delights.

- **Dodatkowe Zasoby (Additional Resources):** Extra tools to boost your learning, including online platforms, literature, and travel advice.

How to Use This Phrase Book

This book is meticulously crafted for both novices embarking on their Polish language journey and intermediate learners seeking to deepen their existing proficiency. Begin your adventure with fundamental phrases perfect for a myriad of situations, from friendly greetings to navigating travel intricacies. As you gain confidence, venture into more sophisticated linguistic structures and nuanced expressions that bring you closer to fluency.

As you traverse the chapters, you will unearth cultural gems that enhance your connection to Poland's rich heritage and contemporary vibrancy. Engaging interactive exercises are strategically interspersed to reinforce your learning and enable you to weave new vocabulary and grammar into your own dialogues seamlessly.

Language acquisition is an art that transcends the boundaries of simple memorization. It's an active, continuous process of engagement. Plunge into Polish conversations, indulge in the country's film and literature, and embrace the customs and traditions that paint the vivid backdrop of this Slavic tongue.

Each learner's journey is personal and unique, with its own rhythm and pace. Nurture your skills with patience, passion, and a zest for discovery. With unwavering dedication, your proficiency and confidence in Polish dialogues will not just grow—they will flourish.

Gotowi rozpocząć? (Ready to start?)

Embark on an enlightening odyssey into the heart of the Polish language and culture. Explore its linguistic intricacies and cultural riches. Your commitment to this journey promises to be as rewarding as it is enlightening, expanding your horizons and your ability to connect with the world in profound new ways.

GREETINGS & INTRODUCTIONS

- BASIC GREETINGS -
- INTRODUCING YOURSELF AND OTHERS -
- EXPRESSING POLITENESS AND FORMALITY -

Basic Greetings

1. Hi!
   Cześć!
   (Cheh-shch!)

2. Hello!
   Witaj!
   (Vee-tay!)

   > **Idiomatic Expression:** "Co za pech!" -
   > Meaning: "What bad luck!"
   > (Literal Translation: "What a misfortune!")

3. Good morning!
   Dzień dobry!
   (Dzheh-ny doh-bri!)

   > **Cultural Insight:** The Polish phrase "Gosc w dom, Bog w dom" translates to "A guest in the house is God in the house." This reflects the deep-rooted Polish tradition of hospitality.

4. Good afternoon!
   Dzień dobry!
   (Dzheh-ny doh-bri!)
   (Note: "Dzień dobry" can also be used in the afternoon in Polish.)

5. Good evening!
   Dobry wieczór!
   (Doh-bri vyeh-choor!)

6. How are you?
   Jak się pan ma? (formal) / Jak się masz? (informal)
   (Yak sh-yeh pan mah?) / (Yak sh-yeh mash?)

   > **Cultural Insight:** A beloved Polish dumpling that comes
   > in various fillings, from savory to sweet. Making pierogi
   > is often a family affair, especially during holidays.

7. Everything good?
   Wszystko w porządku?
   (Vshys-tko v por-zohn-dkoo?)

8. How is it going?
   Jak się masz?
   (Yak sh-yeh mash?)

9. How is everything?
   Jak idą sprawy?
   (Yak ee-dyon spra-vih?)

10. I'm good, thank you.
    Dobrze, dziękuję.
    (Doh-bzheh, dzhen-koo-yeh.)

11. And you?
    A pan? (formal) / A ty? (informal)
    (A pan?) / (A ti?)

12. Let me introduce...
    Pozwól mi przedstawić...
    (Poz-vool mi przehd-sta-veech...)

13. This is...
    To jest...
    (To yest...)

14. Nice to meet you!
    Miło cię poznać!
    (Mee-wo chyeh pozh-natch!)

15. Delighted!
    Zaszczycony/a!
    (Zash-chy-tso-ny/na!)

16. How have you been?
    Jak się miałeś/miałaś?
    (Yak sh-yeh myaw-wesh/myaw-wash?)

Politeness and Formality

17. Excuse me.
    Przepraszam.
    (Psheh-prah-sham.)

18. Please.
    Proszę.
    (Proh-sheh.)

19. Thank you.
    Dziękuję.
    (Dzhen-koo-yeh.)

>   **Fun Fact:** The name "Poland" originates from the tribe "Polanie" which means "people living in open fields".

20. Thank you very much!
    Bardzo dziękuję!
    (Bar-dzho dzhen-koo-yeh!)

1. I'm sorry.
Przykro mi.
(Pshy-kro mee.)

2. I apologize.
Przepraszam.
(Psheh-prah-sham.)

3. Sir
Pan
(Pan)

4. Madam
Pani
(Pah-nee)

5. Miss
Panna
(Pahn-na)

6. Your name, please?
Jak się pan/pani nazywa?
(Yak sh-yeh pan/pani nah-zy-va?)

27. Can I help you with anything?
Czy mogę w czymś pomóc?
(Chy mo-geh f chims po-mooch?)

28. I am thankful for your help.
Jestem wdzięczny/a za twoją pomoc.
(Yest-em vdzhyen-chnee/chna za tvo-yon po-mohts.)

29. The pleasure is mine.
Przyjemność po mojej stronie.
(Pshy-yem-noshch po mo-yey stro-nye.)

30. Thank you for your hospitality.
    Dziękuję za gościnność.
    (Dzhen-koo-yeh za gosh-chee-noshtch.)

31. It's nice to see you again.
    Miło cię znowu widzieć.
    (Mee-wo chyeh zno-voo veed-jyehch.)

Greetings for Different Times of Day

32. Good morning, my friend!
    Dzień dobry, przyjacielu! (m) / Dzień dobry, przyjaciółko! (f)
    (Dzheh-ny doh-bri, pshee-yah-chyeh-loo! / pshee-yah-chyoow-ko!)

33. Good afternoon, colleague!
    Dzień dobry, kolego!
    (Dzheh-ny doh-bri, ko-leh-go!)

34. Good evening neighbor!
    Dobry wieczór, sąsiedzie! (m) / Dobry wieczór, sąsiadko! (f)
    (Doh-bri vyeh-choor, son-shee-dzyeh! / doh-bri vyeh-choor, son-shee-ad-ko!)

35. Have a good night!
    Dobranoc!
    (Doh-bra-nots!)

36. Sleep well!
    Śpij dobrze!
    (Shpee doh-bzheh!)

Special Occasions

37. Happy birthday!
 Wszystkiego najlepszego!
 (Vshys-tkie-go nigh-lep-sheh-go!)

> **Language Learning Tip:** Practice Everyday - Even if it's just for 10 minutes, daily practice can make a significant difference in language retention.

38. Merry Christmas!
 Wesołych Świąt!
 (Veh-so-wih shviont!)

39. Happy Easter!
 Wesołych Świąt Wielkanocnych!
 (Veh-so-wih shviont vyel-ka-noch-nih!)

> **Travel Story:** On a misty morning in Zakopane, a mountaineer preparing for a hike said, "Góry do góry nogami," meaning "Mountains upside down," implying an unpredictable situation.

40. Happy holidays!
 Wesołych świąt!
 (Veh-so-wih shviont!)

41. Happy New Year!
 Szczęśliwego Nowego Roku!
 (Shchen-shlee-veh-go No-veh-go Ro-koo!)

> **Idiomatic Expression:** "Gdzie drwa rąbią, tam wióry lecą." - Meaning: "There's no effect without a cause." (Literal Translation: "Where wood is chopped, chips will fly.")

Meeting Someone for the First Time

42. Pleasure to meet you.
    Miło cię poznać.
    (Mee-wo chyeh pozh-natch.)

    > **Language Learning Tip:** Mix Learning Methods -
    > Combine apps, textbooks, movies, and conversations for
    > a holistic learning experience.

43. I am [Your Name].
    Jestem [Twoje Imię].
    (Yest-em [Tvo-yeh Im-yeh].)

44. Where are you from?
    Skąd jesteś?
    (Skownd yestesh?)

    > **Language Learning Tip:** Practice Listening Skills. Polish
    > podcasts or audiobooks can help improve
    > comprehension.

45. I'm on vacation.
    Jestem na wakacjach.
    (Yest-em na va-kah-tyach.)

46. What is your profession?
    Jaki jest twój zawód?
    (Yah-kee yest tvooy za-voot?)

47. How long will you stay here?
Jak długo tu zostaniesz?
(Yak dwoo-go too zos-tah-nyesh?)

Responding to Greetings

48. Hello, how have you been?
Cześć, jak się miałeś/miałaś?
(Cheshtch, yak sh-yeh myaw-wesh/myaw-wash?)

> **Cultural Insight:** The Legend of the Wawel Dragon - Kraków's famous dragon legend is a significant part of Polish folklore, and children grow up hearing the tale of the brave cobbler who defeated the dragon.

49. I've been very busy lately.
Ostatnio byłem bardzo zajęty.
(Os-tah-tnyo by-wem bar-dzho zah-yen-tee.)

50. I've had ups and downs.
Miałem wzloty i upadki.
(Myaw-wem vzwo-tee ee oo-pad-kee.)

> **Idiomatic Expression:** "Nie mój cyrk, nie moje małpy." - Meaning: "Not my problem."
> Literal Translation: "Not my circus, not my monkeys."

51. Thanks for asking.
Dzięki za zapytanie.
(Dzheh-kee za za-py-tah-nyeh.)

52. I feel great.
    Czuję się świetnie.
    (*Choo-jeh sh-yeh shv-yet-nyeh.*)

53. Life has been good.
    Życie było dobre.
    (*Zhih-tyeh by-wo doh-breh.*)

54. I can't complain.
    Nie mogę narzekać.
    (*Nyeh mo-geh nar-zhe-katch.*)

55. And you, how are you?
    A ty, jak się masz?
    (*Ah ti, yak sh-yeh mash?*)

> **Language Learning Tip:** Immerse Yourself - Listen to Polish radio, watch Polish movies, and read Polish newspapers to surround yourself with the language.

56. I've had some challenges.
    Miałem pewne wyzwania.
    (*Myaw-wem pev-neh vyzh-vah-nya.*)

57. Life is a journey.
    Życie jest podróżą.
    (*Zhih-tyeh yest pod-roo-zhow.*)

58. Thank God, I'm fine.
    Dzięki Bogu, czuję się dobrze.
    (*Dzheh-kee Bo-goo, choo-jeh sh-yeh doh-bzheh.*)

Informal Greetings

9. What's up?
   Co u ciebie?
   (Tsoh oo tchieh-beh?)

0. All good?
   Wszystko w porządku?
   (Vshys-tko v por-zawn-dkoo?)

1. Hi, everything okay?
   Cześć, wszystko w porządku?
   (Cheshtch, vshys-tko v por-zawn-dkoo?)

2. I'm good, and you?
   Dobrze, a ty?
   (Doh-bzheh, ah ti?)

3. How's life?
   Jak życie?
   (Yak zhih-tyeh?)

54. Cool!
   Fajnie!
   (Fai-nyeh!)

Saying Goodbye

65. Goodbye!
   Do widzenia!
   (Doh veed-zen-ya!)

66. See you later!
Do zobaczenia później!
(Doh zoh-bah-chen-ya poozh-nyey!)

> **Language Learning Tip:** Watch with Subtitles - Start with English subtitles on Polish movies, then switch to Polish subtitles as you progress.

67. Bye!
Pa!
(Pah!)

68. Have a good day.
Miłego dnia.
(Meew-eh-go dnya.)

> **Language Learning Tip:** Challenge Yourself - Set monthly challenges, like learning 50 new words or having a 5-minute conversation in Polish.

69. Have a good weekend.
Miłego weekendu.
(Meew-eh-go veh-kend-oo.)

70. Take care.
Trzymaj się.
(Tshi-mai sh-yeh.)

71. Bye, see you later.
Pa, do zobaczenia.
(Pah, doh zoh-bah-chen-ya.)

72. I need to go now.
Muszę teraz iść.
(Moosh-e teh-raz ishch.)

73. Take care my friend!
Trzymaj się, mój przyjacielu!
(Tshi-mai sh-yeh, moi pshy-ya-tchye-loo!)

Parting Words

74. Hope to see you soon.
Mam nadzieję, że się wkrótce zobaczymy.
(Mam nad-zhe-yeh, zheh sh-yeh vkroh-tseh zoh-bah-chee-my.)

75. Stay in touch.
Pozostańmy w kontakcie.
(Poz-oh-stah-nmy v kon-takt-sye.)

76. I'll miss you.
Będę za tobą tęsknić.
(Behn-deh za toh-boh ten-skneech.)

77. Be well.
Bądź zdrowy! (for a male) / Bądź zdrowa! (for a female)
(Bawdj zd-roh-vy! / Bawdj zd-roh-va!)

"Nie wszystko złoto, co się świeci."
"Not everything that glitters is gold."
*Appearances can be deceiving; not everything
that looks valuable or true is actually so.*

Interactive Challenge: Greetings Quiz

1. Which Polish phrase is a common way to greet people in the morning?

   a) Co robisz?
   b) Dzień dobry!
   c) Jak się masz?

2. What does the phrase "Miło cię poznać" mean in English?

   a) Excuse me!
   b) Pleased to meet you!
   c) How are you?

3. When is it appropriate to use the phrase "Dobry wieczór!"?

   a) In the morning
   b) In the afternoon
   c) In the evening

4. Which phrase is used to ask someone how they are doing?

   a) Dziękuję
   b) Jak się masz?
   c) Gdzie idziesz?

5. In Poland, when can you use the greeting "Cześć!"?

   a) Only in the morning
   b) Only in the afternoon
   c) Anytime

6. What is the Polish equivalent of "And you?"?

   a) A ty?
   b) Dziękuję
   c) Co robisz?

7. When expressing gratitude in Polish, what do you say?

   a) Przepraszam
   b) Miło cię poznać
   c) Dziękuję

8. How do you say "Excuse me" in Polish?

   a) Przepraszam
   b) Dobry popołudniu!
   c) Wszystko w porządku?

9. Which phrase is used to inquire about someone's well-being?

   a) Gdzie mieszkasz?
   b) Jak się masz?
   c) Dziękuję

10. In a typical Polish conversation, when is it common to ask about someone's background and interests during a first-time meeting?

    a) Never
    b) Only in formal situations
    c) Always

11. In Polish, what does "Miło cię poznać" mean?

a) Delighted to meet you
b) Excuse me
c) Thank you

12. When should you use the phrase "Jak się masz?"?

a) When ordering food
b) When asking for directions
c) When inquiring about someone's well-being

13. Which phrase is used to make requests politely?

a) Jak się masz?
b) Co chcesz?
c) Proszę

14. What is the equivalent of "I'm sorry" in Polish?

a) Przepraszam
b) Jak się masz?
c) Wszystko dobrze?

Correct Answers:

1. b)
2. b)
3. c)
4. b)
5. c)
6. a)
7. c)
8. a)
9. b)
10. c)
11. a)
12. c)
13. c)
14. a)

EATING & DINING

- ORDERING FOOD AND DRINKS IN A RESTAURANT -
- DIETARY PREFERENCES AND RESTRICTIONS -
- COMPLIMENTS AND COMPLAINTS ABOUT FOOD -

Basic Ordering

78. I'd like a table for two, please.
Poproszę stolik dla dwóch osób.
(Poh-proh-sh-e stoh-leek dla dvookh oh-soob.)

79. What's the special of the day?
Jakie jest danie dnia?
(Ya-kye yest dah-nye dnya?)

> **Cultural Insight:** The Monday following Easter Sunday is called "Śmigus-Dyngus" or "Wet Monday." On this day, it's a tradition for people to playfully splash water on each other.

80. Can I see the menu, please?
Czy mogę zobaczyć menu, proszę?
(Chy mo-g-eh zoh-bah-chich meh-noo, pro-sh-e?)

81. I'll have the steak, medium rare.
Wezmę steka średnio wysmażonego.
(Vez-meh steh-kah sh-red-nyoh vish-mah-zho-neh-go.)

82. Can I get a glass of water?
Czy mogę prosić o szklankę wody?
(Chy mo-g-e pro-shich o shklan-k-e vo-dy?)

> **Travel Story:** On the sandy shores of the Baltic Sea in Sopot, a lifeguard advised, "Lepiej dmuchać na zimne," which means "Better blow on the cold," or better safe than sorry.

83. Can you bring us some bread to start?
Czy możesz przynieść nam trochę chleba na początek?
(Chy mo-zhesh pshy-nye-shch nam troh-k-e hle-ba na po-chon-tek?)

84. Do you have a vegetarian option?
Czy mają państwo opcję wegetariańską?
(Chy ma-yon panst-vo op-ts-y-e veh-getar-yahn-skah?)

> **Language Learning Tip:** Listen to Polish Music - Songs can help you remember words and understand the rhythm of the language.

85. Is there a kids' menu available?
Czy jest dostępne menu dla dzieci?
(Chy yest dost-ep-neh meh-noo dla dzye-tsi?)

86. We'd like to order appetizers to share.
Chcielibyśmy zamówić przekąski do podzielenia.
(Hcheh-lee-bi-shmy zah-mo-vich pshe-kon-ski doh po-zye-lye-nyah.)

87. Can we have separate checks, please?
Czy możemy prosić o oddzielne rachunki, proszę?
(Chy mo-zhe-my pro-shich o o-dd-zel-neh rah-hoon-ki, pro-sh-e?)

88. Could you recommend a vegetarian dish?
Czy mógłby pan polecić danie wegetariańskie?
(Chy mog-wby pan po-leh-chich dah-nye veh-getar-yahn-skee-e?)

89. I'd like to try the local cuisine.
Chciałbym spróbować lokalnej kuchni.
(Hchaw-byhm sp-roo-bo-vah-ch loh-kal-ney kookh-nee.)

> **Fun Fact:** The Polish language belongs to the West Slavic group of the Indo-European languages.

90. May I have a refill on my drink, please?
Czy mogę prosić o dolewki do mojego napoju, proszę?
*(Chy mo-g-eh pro-shich o do-lef-ki doh mo-yeh-go nah-poy-oo,
pro-sh-e?)*

> **Language Learning Tip:** Repeat After Native Speakers -
> Mimic the pronunciation and intonation of native Polish
> speakers.

91. What's the chef's special today?
Jakie jest dzisiejsze specjalne danie szefa kuchni?
(Ya-kye yest jee-shay-sh-e speh-chal-neh dah-nye shef-a kookh-nee?)

92. Can you make it extra spicy?
Czy możesz to zrobić bardziej pikantne?
(Chy mo-zhesh toh zro-beech bar-jay peek-ant-neh?)

93. I'll have the chef's tasting menu.
Wezmę menu degustacyjne szefa kuchni.
(Vez-meh meh-noo deh-gu-stah-tsyon-ne shef-a kookh-nee.)

Special Requests

94. I'm allergic to nuts. Is this dish nut-free?
Mam alergię na orzechy. Czy to danie jest bez orzechów?
*(Mam ah-ler-gy-e nah or-zeh-hy? Chy toh dah-nye yest behz
or-zeh-hoof?)*

95. I'm on a gluten-free diet. What can I have?
Jestem na diecie bezglutenowej. Co mogę zamówić?
*(Yes-tem nah dyeh-tsyeh behz-gloo-ten-oh-vej? Koh mo-g-eh
zah-mo-vich?)*

5. Can you make it less spicy, please?
Czy możesz to zrobić mniej pikantne, proszę?
(Chy mo-zhesh toh zro-beech myay peek-ant-neh, pro-sh-e?)

> **Idiomatic Expression:** "Rzucać grochem o ścianę." -
> Meaning: "To talk to a brick wall."
> (Literal translation: "To throw peas against the wall.")

7. Can you recommend a local specialty?
Czy możesz polecić lokalny specjał?
(Chy mo-zhesh po-leh-chich loh-kal-ny speh-chal?)

8. Could I have my salad without onions?
Czy mogę prosić sałatkę bez cebuli?
(Chy mo-g-eh pro-shich sah-wat-k-e behz tse-boo-lee?)

9. Are there any daily specials?
Czy są jakieś dzisiejsze specjały?
(Chy son ya-kye-shee jee-shay-sh-e speh-chal-y?)

> **Fun Fact:** The Polish currency is called the "złoty" which
> means "golden".

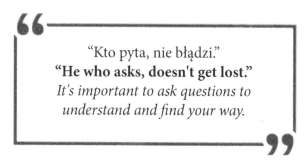

"Kto pyta, nie błądzi."
"He who asks, doesn't get lost."
*It's important to ask questions to
understand and find your way.*

100. Can I get a side of extra sauce?
Czy mogę prosić o dodatkowy sos?
(Chy mo-g-eh pro-shich o doh-dat-koh-vy sos?)

101. I'd like a glass of red/white wine, please.
Poproszę kieliszek czerwonego/białego wina.
(Po-pro-sh-e kyel-ish-kek tsher-voh-ne-go/byah-weh-go vee-na.)

102. Could you bring the bill, please?
Czy mogę prosić o rachunek, proszę?
(Chy mo-g-eh pro-shich o rah-hoo-nek, pro-sh-e?)

Allergies and Intolerances

103. I have a dairy allergy. Is the sauce dairy-free?
Mam alergię na produkty mleczne. Czy sos jest bez mleczny?
(Mam ah-ler-gy-e nah pro-duk-ty mleh-ch-ne? Chy sos yest behz mleh-ch-ny?)

> **Fun Fact:** The word "pierogi" (Polish dumplings) has been officially recognized and can be found in English dictionaries.

104. Does this contain any seafood? I have an allergy.
Czy zawiera to owoce morza? Mam alergię.
(Chy za-vyeh-ra toh ovot-se mor-za? Mam ah-ler-gy-e.)

105. I can't eat anything with soy. Is that an issue?
Nie mogę jeść niczego z soją. Czy to problem?
(Nyeh mo-g-eh yesch nee-cheg-oh z so-yah? Chy toh pro-blem?)

106. I'm lactose intolerant, so no dairy, please.
Jestem nietolerancyjny na laktozę, więc proszę bez produktów mlecznych.
(Yes-tem nyeh-to-leh-ran-tsy-ny nah lak-toh-zhe, vyehch pro-sh-e behz pro-duk-toof mleh-ch-nykh.)

107. Is there an option for those with nut allergies?
Czy jest opcja dla osób z alergią na orzechy?
(Chy yest op-tsya dlah oh-soob z ah-ler-gy-a nah or-zeh-hy?)

108. I'm following a vegan diet. Is that possible?
Stosuję dietę wegańską. Czy to możliwe?
(Stoh-soo-y-e dyeh-teh veh-gan-skah? Chy toh moh-zhlee-veh?)

Cultural Insight: Renowned composer Frédéric Chopin, whose heart is interred in Warsaw, remains a symbol of Polish cultural pride.

109. Is this dish suitable for someone with allergies?
Czy to danie jest odpowiednie dla osoby z alergiami?
(Chy toh dah-nye yest od-po-vyed-nye dlah oh-soh-by z ah-ler-gee-amy?)

110. I'm trying to avoid dairy. Any dairy-free options?
Staram się unikać produktów mlecznych. Czy są opcje bez mleczne?
(Stah-rahm shy-e oo-nee-kach pro-duk-toof mleh-ch-nykh? Chy son op-tsy-e behz mleh-ch-ne?)

111. I have a shellfish allergy. Is it safe to order seafood?
Mam alergię na skorupiaki. Czy bezpiecznie jest zamówić owoce morza?
(Mam ah-ler-gy-e nah sko-roo-pee-ah-kee. Chy behz-pyeh-ch-nye yest zah-mo-vich ovot-se mor-za?)

112. Can you make this gluten-free?
Czy możecie to zrobić bezglutenowe?
(Chy moh-zhe-tsie toh zro-beech behz-gloo-teh-no-veh?)

> **Language Learning Tip:** Set Realistic Goals - Break your learning into achievable targets, like mastering greetings or ordering food in Polish.

Specific Dietary Requests

113. I prefer my food without cilantro.
Wolę moje jedzenie bez kolendry.
(Vo-leh mo-yeh yed-zhe-nyeh behz ko-len-dry.)

114. Could I have the dressing on the side?
Czy mogę prosić o sos oddzielnie?
(Chy mo-g-eh pro-shich o sos od-dzyel-nyeh?)

115. Can you make it vegan-friendly?
Czy możecie to zrobić wegańskie?
(Chy moh-zhe-tsie toh zro-beech veh-gan-sk-yeh?)

116. I'd like extra vegetables with my main course.
Chciałbym więcej warzyw do mojego głównego dania.
(Hchyow-byhm vyeh-ceej var-zhiv doh mo-yeh-go gwov-ne-go dah-nyah.)

117. Is this suitable for someone on a keto diet?
Czy to jest odpowiednie dla kogoś na diecie keto?
(Chy toh yest od-po-vyed-nyeh dlah koh-gosh nah dyeh-tsie keh-to?)

118.   I prefer my food with less oil, please.
       Wolę moje jedzenie z mniej oleju, proszę.
       (Vo-leh mo-yeh yed-zhe-nyeh z mn-yay oh-le-you, pro-sheh.)

119.   Is this dish suitable for vegetarians?
       Czy to danie jest odpowiednie dla wegetarian?
       (Chy toh dah-nye yest od-po-vyed-nyeh dlah veh-get-ar-yan?)

120.   I'm on a low-carb diet. What would you recommend?
       Jestem na diecie niskowęglowodanowej. Co byście polecali?
       (Yes-tem nah dyeh-tsie nee-sko-veh-glo-vo-dah-no-veh. Coh by-sh-tsie po-leh-tsah-lee?)

       Fun Fact: Marie Curie, the famous physicist and chemist, was born in Warsaw, Poland.

121.   Is the bread here gluten-free?
       Czy chleb tutaj jest bezglutenowy?
       (Chy hleb too-tay yest behz-gloo-teh-no-vy?)

122.   I'm watching my sugar intake. Any sugar-free desserts?
       Uważam na spożycie cukru. Są jakieś desery bez cukru?
       (Oo-vah-zham nah spo-zhi-tsie tsoo-kroo? Son ya-kye de-se-ry behz tsoo-kroo?)

       Travel Story: At the bustling Rynek Główny in Kraków, a street musician played a soulful tune and said, "Muzyka jest językiem duszy," meaning "Music is the language of the soul."

Compliments

123. This meal is delicious!
To danie jest pyszne!
(Toh dah-nye yest pish-neh!)

> **Fun Fact:** Nicolaus Copernicus, the famous astronomer who proposed that the Earth orbits the Sun, was Polish.

124. The flavors in this dish are amazing.
Smaki w tym daniu są niesamowite.
(Smah-kee v tim dah-nyu soh nyeh-sah-mo-vee-teh.)

125. I love the presentation of the food.
Uwielbiam prezentację jedzenia.
(Oo-vyel-byam preh-zen-ta-tsyoo-yeh yed-zhe-nya.)

126. This dessert is outstanding!
Ten deser jest wyjątkowy!
(Ten deh-ser yest vy-yoon-tko-vy!)

127. The service here is exceptional.
Obsługa tutaj jest wyjątkowa.
(Ob-swoo-gah too-tay yest vy-yoon-tko-vah.)

> **Language Learning Tip:** Use Flashcards - Create flashcards for vocabulary and common phrases. Digital platforms like Anki or Quizlet can be handy.

128. The chef deserves praise for this dish.
Szef kuchni zasługuje na pochwałę za to danie.
(Shef koo-hnee zah-sloo-goo-yeh nah poh-hvah-weh zah toh dah-nye.)

29. I'm impressed by the quality of the ingredients.
    Jestem pod wrażeniem jakości składników.
    (Yes-tem pod vra-zheh-nyem ya-ko-schi skwahd-nee-kuf.)

30. The atmosphere in this restaurant is wonderful.
    Atmosfera w tej restauracji jest cudowna.
    (At-mos-feh-rah v tay res-tow-ra-tsyee yest tsoo-dov-na.)

31. Everything we ordered was perfect.
    Wszystko, co zamówiliśmy, było doskonałe.
    (Vshys-tko, tsoh zah-mo-vi-lish-my, by-wo do-skoh-na-weh.)

Compaints

32. The food is cold. Can you reheat it?
    Jedzenie jest zimne. Czy możesz to podgrzać?
    (Yed-zhe-nye yest zeem-neh. Chy moh-zhesh toh pod-grzahtch?)

> **Fun Fact:** Poland has won a total of 17 Nobel Prizes, including 4 in Literature and 5 in Peace.

33. This dish is too spicy for me.
    To danie jest dla mnie zbyt ostre.
    (Toh dah-nye yest dlah mnye zbit os-treh.)

134. The portion size is quite small.
    Porcja jest dość mała.
    (Por-tsyah yest doshch mah-wah.)

135. There's a hair in my food.
W moim jedzeniu jest włos.
(V moy-m yed-zhe-nyoo yest vwohs.)

136. I'm not satisfied with the service.
Nie jestem zadowolony z obsługi.
(Nyeh yest-em zah-doh-vo-lo-ny z ob-swoo-ghee.)

137. The soup is lukewarm.
Zupa jest letnia.
(Zoo-pah yest let-nya.)

138. The sauce on this dish is too salty.
Sos w tym daniu jest zbyt słony.
(Sos v tim dah-nyoo yest zbit swo-ny.)

> **Idiomatic Expression:** "Trzymać kciuki."
> Meaning: "Keep your fingers crossed."
> (Literal translation: "Hold your thumbs.")

139. The dessert was a bit disappointing.
Deser trochę rozczarował.
(Deh-ser troh-heh roh-chah-ro-vaww.)

140. I ordered this dish, but you brought me something else.
Zamówiłem to danie, ale dostarczyliście mi coś innego.
(Zah-moo-vee-wem toh dah-nye, ah-leh doh-star-chyi-shche mee chosh in-nego.)

141. The food took a long time to arrive.
Jedzenie długo się czekało.
(Yed-zhe-nye dwuh-goh sheh cheh-kaw-wo.)

Specific Dish Feedback

142. The steak is overcooked.
      Stek jest przesmażony.
      (Stek yest pshes-mah-zho-ny.)

> **Fun Fact:** Poland is home to Europe's largest castle, Malbork Castle.

143. This pasta is undercooked.
      Ta pasta jest niedogotowana.
      (Tah pah-sta yest nyeh-do-goh-to-vah-na.)

144. The fish tastes off. Is it fresh?
      Ryba ma dziwny smak. Czy jest świeża?
      (Ree-bah mah dzhiv-ny smahk. Chy yest shvyeh-zha?)

145. The salad dressing is too sweet.
      Sos do sałatki jest zbyt słodki.
      (Sos doh saw-lat-kee yest zbit swohd-kee.)

146. The rice is underseasoned.
      Ryż jest niedoprawiony.
      (Ryzh yest nyeh-doh-prah-vyo-ny.)

> **Language Learning Tip:** Join a Language Group - Find local or online Polish language groups where you can practice speaking.

147. The dessert lacks flavor.
      Deserowi brakuje smaku.
      (Deh-ser-ovi brah-koo-yeh smah-koo.)

148. The vegetables are overcooked.
Warzywa są przegotowane.
(Var-zhy-va sah psheh-goh-toh-vah-neh.)

149. The pizza crust is burnt.
Brzeg pizzy jest spalony.
(Bzheg pee-zzy yest spah-lo-ny.)

> **Travel Story:** In the heart of Warsaw's Old Town, a painter capturing the vibrant square remarked, "Piękno jest w oku patrzącego," which means "Beauty is in the eye of the beholder."

150. The burger is dry.
Burger jest suchy.
(Boor-ger yest soo-hy.)

151. The fries are too greasy.
Frytki są zbyt tłuste.
(Frit-kee sah zbit twoos-teh.)

152. The soup is too watery.
Zupa jest zbyt wodnista.
(Zoo-pah yest zbit vod-nees-tah.)

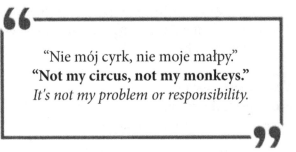

"Nie mój cyrk, nie moje małpy."
"Not my circus, not my monkeys."
It's not my problem or responsibility.

Word Search Puzzle: Eating & Dining

RESTAURANT
RESTAURACJA
MENU
MENU
APPETIZER
PRZYSTAWKA
VEGETARIAN
WEGETARIANIN
ALLERGY
ALERGIA
VEGAN
WEGANIN
SPECIAL
SPECJALNY
DESSERT
DESER
SERVICE
OBSŁUGA
CHEF
SZEF KUCHNI
INGREDIENTS
SKŁADNIKI
ATMOSPHERE
ATMOSFERA
PERFECT
DOSKONAŁY

```
Q V N L Y Q N E E Z U O S D K
Y X R U Y G F Z D Z T F T C K
M I P Q P L R L S M S U F K K
H O Y A R Q A E E D S W H C O
E L M F Z A W N L Y W J Y M J
Y L I F Y V P I H L A Ł Z O F
M R E S S V A P F L A R V W I
R H A V T G K Y E N C R E S N
C S G D A L T F O T D I K X G
C X V H W W G K Q V I Ł Q P R
O V B X K K S C K L A Z F X E
S P E Z A O T K H D W W E M D
T C T C D Y S Y N I K U F R I
P N T I G C T I Y R S Z E F E
C F A C B U K Z H U V S T X N
S G N R Z I U V R H F K U V T
R Z V Y U M E N U V I N E X S
K M Y K S A P U Q D E G S T A
N T F Y E P T V H M S S M Q T
W E G A N I N S B R M Z A D T
N I N A I R A T E G E W J A E
M B G H B U Z C S R V L C I N
N E T Z N D J V S E L G A G T
V S R E S E D K G A W N R R C
S T P H E O K E X L C Y U E E
P X D E J C T U U Z V X A L F
E N A F C A I D C Q I Z T A R
C P M R R I E V I H Z Y S O E
J F W I E S A K R B N I E A P
A M A C S F V L J E M I R G P
L N M E F O S T I O S H J U U
N E R E H P S O M T A Z O Ł I
Y T S K Q L P V M C U N Z S W
O K X L J U G K T T W U C B I
O D U I I H T N W E A Y F O Q
```

41

Correct Answers:

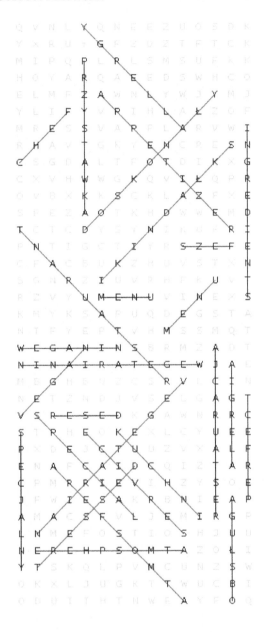

TRAVEL & TRANSPORTATION

- ASKING FOR DIRECTIONS -
- BUYING TICKETS FOR TRANSPORTATION -
- INQUIRING ABOUT TRAVEL-RELATED INFORMATION -

Directions

153. How do I get to the nearest bus stop?
Jak dojdę do najbliższego przystanku autobusowego?
(Yahk doy-djeh doh nigh-blish-sheh-go pshys-tahn-koo autoh-boo-soh-vay-go?)

> **Fun Fact:** The Wieliczka Salt Mine, located near Kraków, has been producing salt for over 700 years.

154. Can you show me the way to the train station?
Czy możesz pokazać mi drogę do stacji kolejowej?
(Chy mo-zhesh po-kah-zhach mee droh-gheh doh stah-tsi koh-lay-o-vay?)

155. Is there a map of the city center?
Czy jest mapa centrum miasta?
(Chy yest mah-pa tzen-trum myah-stah?)

156. Which street leads to the airport?
Która ulica prowadzi na lotnisko?
(Kto-rah oo-lee-tsah proh-vahd-zee nah lot-nees-ko?)

157. Where is the nearest taxi stand?
Gdzie jest najbliższe stanowisko taksówek?
(Gdjeh yest nigh-blish-sheh stah-now-eesh-ko tak-soo-vek?)

> **Travel Story:** At a pierogi festival in Rzeszów, a chef proudly declared, "Przez żołądek do serca," which translates to "Through the stomach to the heart."

158. How can I find the hotel from here?
Jak mogę znaleźć hotel stąd?
(Yahk mo-geh zna-lesh-ch hotel stahnd?)

> **Fun Fact:** Poland's constitution was the second in the world and the first in Europe, adopted in 1791.

159. What's the quickest route to the museum?
Jaka jest najszybsza droga do muzeum?
(Yah-kah yest nigh-shib-shah droh-gah doh moo-zay-oom?)

160. Is there a pedestrian path to the beach?
Czy jest ścieżka piesza na plażę?
(Chy yest shchenzh-kah pyeh-shah nah plah-zheh?)

161. Can you point me towards the city square?
Czy możesz wskazać mi kierunek do głównego placu?
(Chy mo-zhesh vshkah-zhach mee kyeh-roon-ek doh gluv-neh-go plaht-soo?)

> **Idiomatic Expression:** "Mieć motyla w brzuchu." - Meaning: "To have butterflies in one's stomach."
> (Literal translation: "To have a butterfly in the stomach.")

162. How do I find the trailhead for the hiking trail?
Jak znajdę początek szlaku turystycznego?
(Yahk znigh-djeh poch-on-tek shlau-koo too-ris-ti-tch-ne-go?)

> **Fun Fact:** In Poland, the birthday of Santa Claus (Święty Mikołaj) is celebrated on December 6th.

Ticket Purchase

163. How much is a one-way ticket to downtown?
Ile kosztuje bilet w jedną stronę do centrum?
(Ee-leh ko-sh-too-yeh bee-let v yed-noo stroh-neh doh tzen-trum?)

164. Are there any discounts for students?
Czy są zniżki dla studentów?
(Chy sah zneezh-ki dlha stoo-dent-oof?)

> **Language Learning Tip:** Join Polish Theater Groups - If available, this can be a fun way to practice language and acting.

165. What's the price of a monthly bus pass?
Ile kosztuje miesięczny bilet autobusowy?
(Ee-leh ko-sh-too-yeh myeh-shench-ny bee-let autoh-boo-so-vy?)

166. Can I buy a metro ticket for a week?
Czy mogę kupić bilet metra na tydzień?
(Chy mo-geh koo-peech bee-let meh-trah nah ti-dzhen?)

167. How do I get a refund for a canceled flight?
Jak mogę dostać zwrot za odwołany lot?
(Yahk mo-geh do-stahch zvrot zah od-vo-wah-ny lot?)

> **Fun Fact:** The Polish Hussars, a cavalry unit, wore wings in battle, creating a terrifying noise to intimidate enemies.

168. Is it cheaper to purchase tickets online or at the station?
Czy taniej jest kupić bilety online czy na stacji?
(Chy tah-nyey yest koo-peech bee-lety on-line chy nah stah-tsi?)

169. Can I upgrade my bus ticket to first class?
Czy mogę wymienić mój bilet autobusowy na pierwszą klasę?
(Chy mo-geh vy-myen-eech moy bee-let autoh-boo-so-vy nah pyer-vshah klah-sheh?)

170. Are there any promotions for weekend train travel?
Czy są promocje na podróże pociągiem w weekend?
(Chy sah proh-moh-tsye nah po-dro-zheh po-chyon-gyem v veek-end?)

171. Is there a night bus to the city center?
Czy jest nocny autobus do centrum?
(Chy yest nots-ny autoh-boo-soo doh tzen-trum?)

> **Idiomatic Expression:** "Wziąć nogi za pas." -
> Meaning: "To run away fast."
> (Literal translation: "To take legs under the belt.")

172. What's the cost of a one-day tram pass?
Ile kosztuje bilet dzienny na tramwaj?
(Ee-leh ko-sh-too-yeh djenny nah tram-vai?)

> **Fun Fact:** In Poland, it's customary to celebrate "Andrzejki" (St. Andrew's Day) with fortune-telling traditions.

Travel Info

173. What's the weather forecast for tomorrow?
Jaka jest prognoza pogody na jutro?
(Yah-kah yest proh-gnoh-za poh-go-dy nah yoo-tro?)

> **Fun Fact:** Polish scientist Kazimierz Funk is credited with coining the term "vitamin".

174. Are there any guided tours of the historical sites?
Czy są przewodniki po zabytkach?
(Chy sah pshe-vod-nee-kee poh zah-bit-kahkh?)

175. Can you recommend a good local restaurant for dinner?
Czy możesz polecić dobry lokalny restauracja na kolację?
(Chy moh-zhesh po-leh-cheech doh-brih loh-kal-ny reh-stow-rat-syah nah koh-lah-tsyeh?)

176. How do I get to the famous landmarks in town?
Jak dojść do znanych zabytków w mieście?
(Yahk doyshch doh zna-nikh zah-bit-kuf v myeh-shteh?)

177. Is there a visitor center at the airport?
Czy jest centrum informacji dla turystów na lotnisku?
(Chy yest tzen-trum in-for-mat-syi dlha too-rist-oof nah lot-nees-koo?)

178. What's the policy for bringing pets on the train?
Jakie są zasady przewozu zwierząt w pociągu?
(Yah-kyeh sah zah-sah-dy pshe-vo-zoo zvyer-zhont v po-chyon-goo?)

79. Are there any discounts for disabled travelers?
Czy są zniżki dla podróżnych z niepełnosprawnościami?
(Chy sah zneezh-ki dlha po-drozh-nikh z nee-pehln-oh-sprav-no-shchyami?)

> **Idiomatic Expression:** "Kupić kota w worku." - Meaning: "To buy a pig in a poke."
> (Literal translation: "To buy a cat in a sack.")

80. Can you provide information about local festivals?
Czy możesz dostarczyć informacje o lokalnych festiwalach?
(Chy moh-zhesh doh-star-chich in-for-mat-sye oh loh-kal-nikh fes-tee-val-ahkh?)

81. Is there Wi-Fi available on long bus journeys?
Czy jest dostępne Wi-Fi w dłuższych podróżach autobusem?
(Chy yest doh-stehp-neh wee-fee v dloozh-shikh po-dro-zhah autoh-boo-sem?)

> **Fun Fact:** The Polish word "dżdżownica" (meaning earthworm) has three sets of the letter "ż" and can be tricky to pronounce.

82. Where can I rent a bicycle for exploring the city?
Gdzie mogę wynająć rower do zwiedzania miasta?
(Gdzh-eh mo-geh vih-naynch ro-vehr doh zvye-dzah-nya myas-tah?)

> **Travel Story:** At a honey market in Puławy, a beekeeper shared, "Praca pszczół to złoto," meaning "The work of bees is gold."

Getting Around by Public Transportation

183. Which bus should I take to reach the city center?
Który autobus powinienem wziąć, aby dotrzeć do centrum miasta?
(Ktoo-rih autoh-boos po-vinyen-em vzyonch ah-bi doh-tzhech do tzen-trum myas-tah?)

184. Can I buy a day pass for unlimited rides?
Czy mogę kupić bilet dzienny na nielimitowaną ilość przejazdów?
(Chy mo-geh koo-peech bee-let dzyen-ny nah nyel-imi-toh-van-on iloshch pshe-yaz-dof?)

185. Is there a metro station within walking distance?
Czy jest stacja metra w zasięgu spaceru?
(Chy yest stat-sya met-ra v zah-shyeh-goo spah-tser-oo?)

186. How do I transfer between different bus lines?
Jak przenieść się między różnymi liniami autobusowymi?
(Yahk pshe-nyeshch shye myen-jzy roo-zhny-mee li-nyah-mee autoh-boos-oh-vy-mee?)

187. Are there any discounts for senior citizens?
Czy są zniżki dla seniorów?
(Chy sah zneezh-ki dlha syen-yor-oof?)

188. What's the last bus/train for the night?
Który jest ostatni autobus/pociąg na noc?
(Ktoo-rih yest os-taht-nee autoh-boos/po-chyonk nah nots?)

189. Can you recommend a reliable taxi service?
Czy możesz polecić godną zaufania taksówkę?
(Chy moh-zhesh po-leh-cheech god-nyoh zah-foo-fan-yah tahk-soof-keh?)

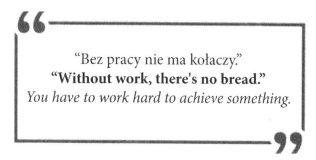

"Bez pracy nie ma kołaczy."
"Without work, there's no bread."
You have to work hard to achieve something.

190. Do trams run on weekends as well?
Czy tramwaje kursują także w weekendy?
(Chy tram-vai-e kur-shoo-yon tash-keh v vee-ken-dy?)

> **Fun Fact:** Poles celebrate "Name Days" (Imieniny) which are often considered more important than birthdays.

191. Are there any express buses to [destination]?
Czy są autobusy ekspresowe do [destynacja]?
(Chy sah autoh-boos-y eks-preh-so-voe doh [des-tin-at-sya]?)

192. What's the fare for a one-way ticket to the suburbs?
Ile kosztuje bilet w jedną stronę do przedmieść?
(Ile kos-too-yeh bee-let v yed-noo stroh-neh doh pshehd-myeshch?)

> **Travel Story:** In the medieval town of Toruń, birthplace of Copernicus, an astronomer mentioned, "Niebo jest granicą," meaning "The sky is the limit."

Navigating the Airport

193. Where can I locate the baggage claim area?
      Gdzie mogę znaleźć strefę odbioru bagażu?
      (Gdje mo-geh zna-lezhch stref-e od-byo-roo ba-ga-zhoo?)

194. Is there a currency exchange counter in the terminal?
      Czy jest kantor wymiany walut w terminalu?
      (Chy yest kan-tor vy-myany va-loot v ter-mee-na-loo?)

> **Idiomatic Expression:** "Pójść z torbami." -
> Meaning: "To go bankrupt."
> (Literal translation: "To go with the bags.")

195. Are there any pet relief areas for service animals?
      Czy są specjalne miejsca dla zwierząt asystujących?
      (Chy sah spe-chyal-ne myeys-tsa dla zvye-jon-t asys-too-yon-chikh?)

196. How early can I go through security?
      Jak wcześnie mogę przejść przez kontrolę bezpieczeństwa?
      (Yak vchesh-nie mo-geh psheh-yshch pshes kon-tro-le bez-pye-chen-stfa?)

197. What's the procedure for boarding the aircraft?
      Jaka jest procedura wsiadania do samolotu?
      (Ya-ka yest pro-tsed-oora vshad-an-ya doh samo-lo-too?)

198. Can I use mobile boarding passes?
      Czy mogę użyć mobilnych kart pokładowych?
      (Chy mo-geh ooh-zhit mob-il-nykh kart pok-lado-vykh?)

199. Are there any restaurants past security?
Czy są restauracje za kontrolą bezpieczeństwa?
(Chy sah res-taur-at-zye zah kon-tro-lon bez-pye-chen-stfa?)

200. What's the airport's Wi-Fi password?
Jakie jest hasło do Wi-Fi na lotnisku?
(Ya-kie yest hash-wo doh vee-fee nah lot-nees-koo?)

201. Can I bring duty-free items on board?
Czy mogę przynieść produkty z duty-free na pokład?
(Chy mo-geh pshee-nyeshch pro-duk-ty z doo-ty-free nah pok-lad?)

202. Is there a pharmacy at the airport?
Czy jest apteka na lotnisku?
(Chy yest ap-te-ka nah lot-nees-koo?)

Traveling by Car

203. How do I pay tolls on the highway?
Jak zapłacić za opłaty na autostradzie?
(Yak zap-wah-chich zah op-wa-ty nah ow-toh-stra-dje?)

204. Where can I find a car wash nearby?
Gdzie znajdę myjnie samochodową w pobliżu?
(Gdje znai-de my-nye sa-mo-ho-do-von v pob-lee-zhoo?)

205. Are there electric vehicle charging stations?
Czy są stacje ładowania pojazdów elektrycznych?
(Chy sah stat-sye wad-o-van-ya poy-az-dof elek-trych-nykh?)

206. Can I rent a GPS navigation system with the car?
Czy mogę wynająć system nawigacji GPS z samochodem?
(Chy mo-geh vy-nai-ch system naw-ig-ats-yi G-P-S z sa-mo-ho-dem?)

207. What's the cost of parking in the city center?
Ile kosztuje parkowanie w centrum miasta?
(Ee-le kosh-too-ye par-ko-van-ye v tsen-trum myas-ta?)

208. Do I need an international driving permit?
Czy potrzebuję międzynarodowego prawa jazdy?
(Chy potz-re-boo-yeh myen-dzy-na-ro-do-ve-go prah-va yaz-dy?)

209. Is roadside assistance available?
Czy jest dostępna pomoc drogowa?
(Chy yest dos-tep-na po-mots dro-go-va?)

Fun Fact: The Polish film "Ida" won the Oscar for Best Foreign Film in 2015.

210. Are there any traffic cameras on this route?
Czy są kamery drogowe na tej trasie?
(Chy sah ka-mery dro-go-ve nah tay trah-sye?)

211. Can you recommend a reliable mechanic?
Czy możesz polecić zaufanego mechanika?
(Chy mo-zhesh po-le-chits zah-fa-ne-go me-ha-nee-ka?)

212. What's the speed limit in residential areas?
Jaki jest limit prędkości w strefach mieszkalnych?
(Ya-ki yest lee-mit pred-kosh-chi v stref-akh myesh-kal-nykh?)

Airport Transfers and Shuttles

13. Where is the taxi stand located at the airport?
Gdzie jest postój taksówek na lotnisku?
(Gdje yest po-stoy tak-soo-vek nah lot-nees-koo?)

14. Do airport shuttles run 24/7?
Czy busy lotniskowe kursują 24/7?
(Chy boo-sy lot-nees-ko-ve kur-shoo-ye 24/7?)

> **Idiomatic Expression:** "Iść jak po grudzie." -
> Meaning: "To move very slowly." (Literal translation: "To
> walk as if on hard, frozen ground.")

15. How long does it take to reach downtown by taxi?
Ile czasu zajmuje dojazd do centrum taksówką?
(Ee-le chah-soo zai-moo-ye do-yazd do tsen-trum tak-soov-kon?)

16. Is there a designated pick-up area for ride-sharing services?
**Czy jest wyznaczone miejsce odbioru dla usług
współdzielenia jazdy?**
*(Chy yest vy-znat-chon-e myeys-tse od-byo-roo dla oos-look
vspoo-dzhe-le-nya yaz-dy?)*

17. Can I book a shuttle in advance?
Czy mogę zarezerwować busa z wyprzedzeniem?
(Chy mo-geh za-re-zer-vo-vats boo-sa z vy-prze-dzen-yem?)

> **Fun Fact:** The longest word in Polish is "dziewięćset
> dziewięćdziesiątdziewięćmiliardów...", which refers to
> the number 999,999,999,999.

218. Do hotels offer free shuttle service to the airport?
Czy hotele oferują darmowy transfer na lotnisko?
(Chy ho-te-le o-fe-roo-yon dar-mo-vy trans-fer nah lot-nees-koh?)

219. What's the rate for a private airport transfer?
Jaka jest opłata za prywatny transfer na lotnisko?
(Ya-ka yest op-wah-ta za pry-vat-ny trans-fer nah lot-nees-koh?)

220. Are there any public buses connecting to the airport?
Czy są publiczne autobusy dojazdowe na lotnisko?
(Chy sah poo-bli-chne ow-toh-boosy do-yaz-do-ve nah lot-nees-koh?)

221. Can you recommend a reliable limousine service?
Czy możesz polecić zaufaną usługę limuzyny?
(Chy mo-zhesh po-le-chits zah-fa-non oo-shoo-gair lee-moo-zee-ny?)

222. Is there an airport shuttle for early morning flights?
Czy jest transfer lotniskowy na wczesne loty poranne?
(Chy yest trans-fer lot-nees-koh-vy nah vchesh-ne loty po-ran-ne?)

Traveling with Luggage

223. Can I check my bags at this train station?
Czy mogę odprawić moje bagaże na tej stacji kolejowej?
(Chy mo-geh od-pra-vich moye bah-ga-zhe nah tay sta-tsyi ko-le-yo-vej?)

224. Where can I find baggage carts in the airport?
Gdzie mogę znaleźć wózki bagażowe na lotnisku?
(Gdje mo-geh zna-lez-ch voos-ki ba-ga-zho-ve nah lot-nees-koo?)

> **Fun Fact:** Poland's Tatra Mountains are the highest range between the Alps and the Ural Mountains.

225. Are there weight limits for checked baggage?
Czy są limity wagowe dla odprawionych bagaży?
(Chy sah lee-mi-ty va-go-ve dlya od-pra-vyon-ych bah-ga-zhy?)

226. Can I carry my backpack as a personal item?
Czy mogę zabrać mój plecak jako przedmiot osobisty?
(Chy mo-geh za-brach moy ple-tsak ya-ko pshred-myot o-so-bi-sty?)

227. What's the procedure for oversized luggage?
Jaka jest procedura dla bagaży o nadmiernych wymiarach?
(Ya-ka yest pro-tse-doo-ra dlya ba-ga-zhy o nad-myern-ych vy-mya-rakh?)

228. Can I bring a stroller on the bus?
Czy mogę wziąć wózek na autobus?
(Chy mo-geh vzi-onch vo-zek nah ow-toh-bus?)

229. Are there lockers for storing luggage at the airport?
Czy na lotnisku są szafki na bagaże?
(Chy nah lot-nees-koo sah shaf-kee nah ba-ga-zhe?)

> **Fun Fact:** The University of Kraków, established in 1364, is one of the oldest in Europe.

230. How do I label my luggage with contact information?
Jak oznaczam mój bagaż danymi kontaktowymi?
(Yak oz-nah-cham moy ba-gazh dan-y-mee kon-tak-to-vy-mee?)

231. Is there a lost and found office at the train station?
Czy jest biuro rzeczy znalezionych na stacji kolejowej?
(Chy yest byu-ro rzhe-chy zna-le-zyon-ych nah sta-tsyi ko-le-yo-vej?)

> **Idiomatic Expression:** "Stać jak wół." -
> Meaning: "To stand still and do nothing."
> (Literal translation: "To stand like an ox.")

232. Can I carry fragile items in my checked bags?
Czy mogę przewozić kruche przedmioty w moim odprawionym bagażu?
(Chy mo-geh pshe-vo-zits kroo-he pshred-myoty v moyim od-pra-vyon-ym ba-ga-zhoo?)

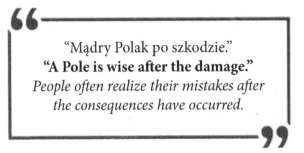

"Mądry Polak po szkodzie."
"A Pole is wise after the damage."
People often realize their mistakes after the consequences have occurred.

Word Search Puzzle: Travel & Transportation

AIRPORT
LOTNISKO
BUS
AUTOBUS
TAXI
TAKSI
TICKET
BILET
MAP
MAPA
CAR
SAMOCHÓD
METRO
METRO
BICYCLE
ROWER
DEPARTURE
ODJAZD
ARRIVAL
PRZYJAZD
ROAD
DROGA
PLATFORM
PERON
STATION
STACJA
TERMINAL
TERMINAL

```
R E W O R T S N B Z X W X N C
Q D U D R J R I O R K N H V H
M V B S N V C O P I N Q G S A
N Y L D C Y L I P N T I R T A
T E X W C G E M A R P A R W E
A P Y L C P F I D D I A T Y H
K A E P D N L A D Z C A D S X
S L Z O A A G O C A U A Q V N
I E Y Y V M R E Q J H J H N P
E D Y I H K E F S D B C V L Z
N W R S K H H R E O N A A P L
U R S E R W I U U Z S T I A K
A U A D R O S Z X T F S N W T
B P R Z Y J A Z D O R I P Q V
P D C E C B T D R V M A I J B
X R W D J Y H M P R S O P C P
I O T M C E B D E Q I B Q E X
A G V E U P V T Z F S Z A W D
T A O E F Q E R W X Z I P Y N
E A I Y D B R V K U B O A J H
S H X H V T C G S L E D M B H
X M O I I T F W S L L X L I J
J J M C F G S G X O D F N F I
C U K K W N H X P B S N X O P
Z E I M F B Y I J C J O J O O
T Q L B H B F M R S H R D O K
K G U O S A M O C H Ó D H B S
M W L K V T P F M J K F S A R
E R S S D C V R Y E B C Q U Y
T E L I B I M X A U T O B U S
R P R N O R E P O K B R X V U
O L J T E R M I N A L D O Y R
S T D O K H A K X M Y T P V Z
I E T L F B I R A X G O H A B
H C W U K J C W B R D Z F X Z
```

Correct Answers:

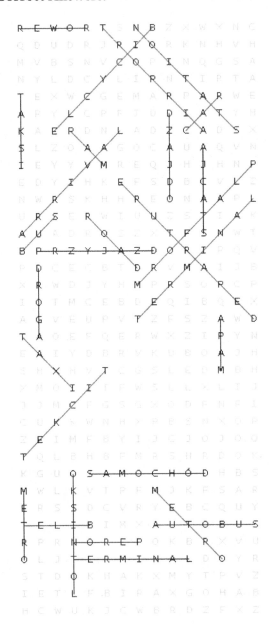

ACCOMMODATIONS

- CHECKING INTO A HOTEL -
- ASKING ABOUT ROOM AMENITIES -
- REPORTING ISSUES OR MAKING REQUESTS -

Hotel Check-In

233. I have a reservation under [Name].
Mam rezerwację na nazwisko [Nazwisko].
(Mam reh-zehr-vah-tsyuh nah naz-vis-ko [Naz-vis-ko].)

234. Can I see some identification, please?
Czy mogę zobaczyć jakiś dowód tożsamości, proszę?
(Chy mo-geh zoh-bah-chits yak-ish do-voot tozh-sam-oshchi, pro-sheh?)

235. What time is check-in/check-out?
O której godzinie jest zameldowanie/wymeldowanie?
(O kterj go-dzee-neh yest za-mel-do-va-nyeh/vy-mel-do-va-nyeh?)

236. Is breakfast included in the room rate?
Czy śniadanie jest wliczone w cenę pokoju?
(Chy shnyah-da-nyeh yest vleets-o-ne v tseh-neh po-koy-oo?)

237. Do you need a credit card for incidentals?
Czy potrzebujecie karty kredytowej na dodatkowe koszty?
(Chy pot-she-boo-yeh-tsie kar-ty kreh-dy-to-vej nah do-dat-ko-veh koshty?)

238. May I have a room key, please?
Czy mogę dostać klucz do pokoju, proszę?
(Chy mo-geh dos-tahch klooch do po-koy-oo, pro-sheh?)

239. Could you call a bellhop for assistance?
Czy mógłby Pan wezwać portiera?
(Chy moog-bih pan vez-vahch por-tye-ra?)

240.	Is there a shuttle service to the airport?
Czy jest transfer na lotnisko?
(Chy yest trans-fer nah lot-nis-ko?)

> **Fun Fact:** The Białowieża Forest in Poland is the last and largest remaining primeval forest in Europe.

Room Amenities

241.	Can I request a non-smoking room?
Czy mogę poprosić o pokój dla niepalących?
(Chy mo-geh po-pro-sich oh po-koy dla nye-pah-wah-chych?)

242.	Is there a mini-fridge in the room?
Czy jest mini lodówka w pokoju?
(Chy yest mee-nee lo-dov-ka v po-koy-oo?)

243.	Do you provide free Wi-Fi access?
Czy oferujecie darmowy dostęp do Wi-Fi?
(Chy oh-feh-roo-yeh-tsie dar-movy dos-tep do Wee-Fee?)

244.	Can I have an extra pillow or blanket?
Czy mogę dostać dodatkową poduszkę lub koc?
(Chy mo-geh dos-tahch do-dat-ko-vah po-doosh-ke loob kots?)

245.	Is there a hairdryer in the bathroom?
Czy jest suszarka do włosów w łazience?
(Chy yest soo-shar-ka do vwo-soof v wah-zhen-tseh?)

246. What's the TV channel lineup?
Jakie są dostępne kanały telewizyjne?
(*Ya-kyeh sah dost-ep-neh kan-ah-wi teh-le-vi-zye-neh?*)

247. Are toiletries like shampoo provided?
Czy są dostępne kosmetyki takie jak szampon?
(*Chy sah dost-ep-neh kosh-me-ti-ki tah-kyeh yak shahm-pon?*)

248. Is room service available 24/7?
Czy obsługa pokojowa jest dostępna 24/7?
(*Chy ob-swoo-gah po-koy-o-va yest dost-ep-na dva-dzye-sht-sheh/se-dem?*)

> **Fun Fact:** The Polish-born Pope John Paul II was the first non-Italian pope in 455 years.

Reporting Issues

249. There's a problem with the air conditioning.
Jest problem z klimatyzacją.
(*Yest proh-blem z klee-mah-ty-za-tsyon?*)

250. The shower is not working properly.
Prysznic nie działa poprawnie.
(*Prish-neech nye dzyah-wa po-prav-nyeh.*)

251. My room key card isn't functioning.
Moja karta do pokoju nie działa.
(*Moy-ah kar-ta do po-koy-oo nye dzyah-wa.*)

252. There's a leak in the bathroom.
W łazience jest przeciek.
(*V wah-zhen-tseh yest psheh-tsyek.*)

253. The TV remote is not responding.
Pilot do telewizora nie reaguje.
(*Pee-lot do teh-le-vi-zor-ah nye reh-a-goo-yeh.*)

254. Can you fix the broken light in my room?
Czy możesz naprawić zepsute światło w moim pokoju?
(*Chy mo-zhesh nap-rah-vitch zep-soo-te shvyat-wo v moy-im po-koy-oo?*)

255. I need assistance with my luggage.
Potrzebuję pomocy z moim bagażem.
(*Pot-she-boo-yeh po-moh-tsi z moy-im bah-gah-zhem.*)

256. There's a strange noise coming from next door.
Słychać dziwny hałas z sąsiedniego pokoju.
(*Swi-hahch dzyv-ny how-as z soh-syed-nye-go po-koy-oo.*)

Making Requests

257. Can I have a wake-up call at 7 AM?
Czy mogę prosić o budzenie o 7 rano?
(*Chy mo-geh pro-sich oh boo-den-ye o syed-em rah-no?*)

> **Fun Fact:** The character of Count Dracula, while often associated with Romania, was inspired by the Polish-Lithuanian Commonwealth's nobleman.

258. Please send extra towels to my room.
Proszę o dodatkowe ręczniki do mojego pokoju.
(*Pro-sheh o do-dat-koh-veh ren-chnee-kee do moy-e-go po-koy-oo.*)

259. Could you arrange a taxi for tomorrow?
Czy mógłby Pan zamówić taxi na jutro?
(*Chy moow-bih Pan zah-moo-vich tah-xi nah yoo-tro?*)

260. I'd like to extend my stay for two more nights.
Chciałbym przedłużyć mój pobyt o dwie noce.
(*Hchyaw-bim pshehd-woo-zhit mui po-bit o dvie no-tseh.*)

> **Idiomatic Expression:** "Mieć wilka." -
> Meaning: "To be very hungry."
> (Literal translation: "To have a wolf.")

261. Is it possible to change my room?
Czy mogę zmienić mój pokój?
(*Chy mo-geh zmien-yich mui po-koy?*)

262. Can I have a late check-out at 2 PM?
Czy mogę wymeldować się o 14?
(*Chy mo-geh vy-mel-doh-vatch shye o chetyrnasteh?*)

263. I need an iron and ironing board.
Potrzebuję żelazko i deskę do prasowania.
(*Pot-she-boo-yeh zhe-laz-ko ee des-keh do pra-soh-van-ya.*)

264. Could you provide directions to [location]?
Czy mógłby Pan wskazać drogę do [miejsce]?
(*Chy moow-bih Pan fskah-zatch dro-ghe do [mye-ysh-tseh]?*)

Room Types and Preferences

65. I'd like to book a single room, please.
Chciałbym zarezerwować pokój jednoosobowy, proszę.
(Hchyaw-bim zah-reh-zer-vo-vatch po-koy yed-noh-o-so-bo-vy, pro-sheh.)

66. Do you have any suites available?
Czy mają Państwo dostępne apartamenty?
(Chy ma-yon Pahn-stvo dost-ep-neh ah-par-tah-men-ty?)

67. Is there a room with a view of the city?
Czy jest pokój z widokiem na miasto?
(Chy yest po-koy z vid-oh-kyem na mya-sto?)

68. Is breakfast included in the room rate?
Czy śniadanie jest wliczone w cenę pokoju?
(Chy shnyah-dah-nyeh yest vleech-zoh-neh vf tse-neh po-koy-oo?)

269. Can I request a room on a higher floor?
Czy mogę prosić o pokój na wyższym piętrze?
(Chy mo-geh pro-seech o po-koy na vi-zh-shim pyen-tzheh?)

270. Is there an option for a smoking room?
Czy mają Państwo pokój dla palących?
(Chy ma-yon Pahn-stvo po-koy dla pah-won-tsih?)

> **Travel Story:** In Wrocław, admiring the many bridges, a local mentioned, "Mosty łączą ludzi," translating to "Bridges connect people."

271. Are there connecting rooms for families?
Czy są pokoje połączone dla rodzin?
(*Chy sah po-wohn-tzyoh-neh dlah rod-zeen?*)

272. I'd prefer a king-size bed.
Wolałbym łóżko king-size.
(*Vo-wahw-bim woozh-ko king-size.*)

273. Is there a bathtub in any of the rooms?
Czy w którymkolwiek pokoju jest wanna?
(*Chy vf ktoor-im-kol-vyek po-koy-oo yest vahn-na?*)

Hotel Facilities and Services

274. What time does the hotel restaurant close?
O której zamyka się restauracja hotelowa?
(*O kto-rey za-my-ka shye restau-rat-zya ho-te-lo-va?*)

275. Is there a fitness center in the hotel?
Czy w hotelu jest centrum fitness?
(*Chy vf ho-te-loo yest tzent-rum fit-ness?*)

276. Can I access the pool as a guest?
Czy mogę skorzystać z basenu jako gość?
(*Chy mo-geh skor-zys-tahch z bah-sen-oo yah-ko gosch?*)

277. Do you offer laundry facilities?
Oferujecie pralnię?
(*O-fe-roo-yet-sye pral-nye?*)

278. Is parking available on-site?
Czy jest dostępny parking na miejscu?
(*Chy yest dost-ep-ny par-king na mye-ysh-chu?*)

279. Is room cleaning provided daily?
Czy sprzątanie pokoju jest codzienne?
(*Chy sprzhon-tah-nye po-koy-oo yest tsod-jyen-neh?*)

280. Can I use the business center?
Mogę korzystać z centrum biznesowego?
(*Mo-geh kor-zys-tahch z tzen-trum biz-nes-o-ve-go?*)

281. Are pets allowed in the hotel?
Czy w hotelu są dozwolone zwierzęta?
(*Chy vf ho-te-loo sah doz-vo-loh-ne zvyer-zhen-tah?*)

> **Travel Story:** During a winter festival in Białystok, a child exclaimed, "Nie ma to jak zima!" which means "There's nothing like winter!"

Payment and Check-Out

282. Can I have the bill, please?
Czy mogę prosić o rachunek?
(*Chy mo-geh pro-sitch o rah-hoo-nek?*)

283. Do you accept credit cards?
Akceptujecie karty kredytowe?
(*Ak-tsep-too-yet-sye kar-ty kre-dy-to-veh?*)

284. Can I pay in cash?
Czy mogę zapłacić gotówką?
(Chy mo-geh zah-pwa-chich go-tuv-kah?)

285. Is there a security deposit required?
Czy wymagana jest kaucja?
(Chy vim-ah-gah-nah yest kow-tsya?)

286. Can I get a receipt for my stay?
Czy mogę dostać paragon za mój pobyt?
(Chy mo-geh dos-tahch pah-ra-gon za moy po-bit?)

287. What's the check-out time?
O której jest wymeldowanie?
(O kto-rey yest vi-mel-do-vah-nye?)

288. Is late check-out an option?
Czy możliwe jest późniejsze wymeldowanie?
(Chy mozh-lee-veh yest pozh-nyey-sheh vi-mel-do-vah-nye?)

289. Can I settle my bill in advance?
Czy mogę uregulować rachunek z góry?
(Chy mo-geh oo-re-goo-lo-vahch rah-hoo-nek z goo-ry?)

Booking Accommodations

290. I'd like to make a reservation.
Chciałbym zrobić rezerwację.
(Hchyow-bim zro-bich re-zer-va-tsye.)

291. How much is the room rate per night?
Ile kosztuje pokój za noc?
(*Ee-leh kos-too-yeh po-koy za nots?*)

292. Can I book online or by phone?
Mogę zarezerwować online lub telefonicznie?
(*Mo-geh zah-re-zer-vo-vahch on-line loob teh-le-foh-neech-nyeh?*)

293. Are there any special promotions?
Czy są jakieś specjalne promocje?
(*Chy sah yah-kye speh-chyal-neh pro-mots-ye?*)

294. Is breakfast included in the booking?
Czy śniadanie jest wliczone w rezerwację?
(*Chy shnyah-dah-nye yest vlits-zoh-neh vf re-zer-va-tsye?*)

295. Can you confirm my reservation?
Czy możesz potwierdzić moją rezerwację?
(*Chy mo-zhesh po-tvier-jich moy-on re-zer-va-tsye?*)

296. What's the cancellation policy?
Jaka jest polityka anulowania?
(*Yah-kah yest po-lee-ty-kah ah-noo-lo-vah-nyah?*)

297. I'd like to modify my booking.
Chciałbym zmienić moją rezerwację.
(*Hchyow-bim zm-yen-each moy-on re-zer-va-tsye.*)

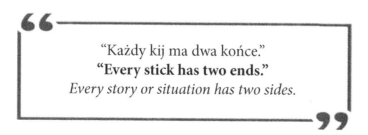

"Każdy kij ma dwa końce."
"Every stick has two ends."
Every story or situation has two sides.

Mini Lesson:
Basic Grammar Principles in Polish #1

Introduction:

Polish, with its unique sounds and intricate grammar, offers a rich linguistic experience. As the official language of Poland and spoken by millions worldwide, its nuances captivate many learners. Delving into its grammar is essential for understanding and effective communication. Whether you're traveling to Poland, connecting with its diaspora, or simply captivated by the Slavic charm, this guide will illuminate foundational Polish grammar concepts.

1. Nouns and Gender:

Polish nouns fall into three genders: masculine, feminine, and neuter. Their endings usually, but not always, determine their gender:

- *Chłopiec (boy) - masculine*
- *Kobieta (woman) - feminine*
- *Miasto (city) - neuter*

2. Cases:

Polish uses seven grammatical cases that affect the noun's ending based on its role in the sentence. For example:

- *Mężczyzna (man - nominative)*
- *Mężczyzny (of the man - genitive)*

. Personal Pronouns:

ronouns are fundamental for sentence construction in Polish:

- *Ja (I)*
- *Ty (you - informal)*
- *On/Ona/Ono (he/she/it)*
- *My (we)*
- *Wy (you all)*
- *Oni/One (they - masculine/feminine)*

4. Verb Conjugation:

ʾolish verbs change based on the subject and tense. For instance, "być" to be) in the present tense:

- *Ja jestem (I am)*
- *Ty jesteś (You are)*
- *On/Ona/Ono jest (He/She/It is)*
- *My jesteśmy (We are)*
- *Wy jesteście (You all are)*
- *Oni/One są (They are)*

5. Tenses:

The present tense is a good starting point for beginners:

- *Ja czytam (I read)*
- *Ona pisze (She writes)*

6. Negation:

The word "nie" is placed before the verb to negate a statement:

- *Ja nie rozumiem (I don't understand)*
- *Oni nie mówią po angielsku (They don't speak English)*

7. Questions:

Polish questions often begin with words like "kto" (who), "co" (what), "gdzie" (where), and "jak" (how):

- *Mówisz po polsku? (Do you speak Polish?)*
- *Gdzie jest łazienka? (Where is the bathroom?)*

8. Plurals:

Plurals in Polish can be formed in different ways, often by changing the ending:

- *Dzień (day) -> Dni (days)*
- *Książka (book) -> Książki (books)*

Conclusion:

This initial foray into Polish grammar lays the groundwork for deeper exploration. As you progress, you'll come across intricate grammar rules, various verb forms, and unique idiomatic expressions. Relish the journey, immerse yourself in Polish culture and literature, and remember, practice makes perfect. Powodzenia! (Good luck!)

SHOPPING

- BARGAINING AND HAGGLING -
- DESCRIBING ITEMS AND SIZES -
- MAKING PURCHASES AND PAYMENTS -

Bargaining

298. Can you give me a discount?
      Czy możesz mi dać zniżkę?
      (Chy mo-zhesh mee dahch znyeesh-koo?)

299. What's your best price?
      Jaka jest Twoja najlepsza cena?
      (Yah-kah yest Tvo-ya nigh-lep-shah tseh-nah?)

300. Is this the final price?
      Czy to jest ostateczna cena?
      (Chy to yest o-sta-teh-ch-nah tseh-nah?)

      Idiomatic Expression: "Siedzieć jak na tureckim kazaniu." - Meaning: "To not understand anything." (Literal translation: "To sit as at a Turkish sermon.")

301. I'd like to negotiate the price.
      Chciałbym negocjować cenę.
      (Hchyow-bim neh-go-tsyo-vahch tseh-nuh?)

302. Can you do any better on the price?
      Czy możesz zaproponować niższą cenę?
      (Chy mo-zhesh zah-pro-po-no-vahch nyee-shah tseh-nuh?)

303. Are there any promotions or deals?
      Czy są jakieś promocje czy oferty?
      (Chy sah yah-kye pro-mots-ye chy off-er-ty?)

304. What's the lowest you can go?
      Jaka jest najniższa cena, którą możesz zaproponować?
      (Yah-kah yest nigh-nyeezh-shah tseh-nah, kto-rah mo-zhesh zah-pro-po-no-vahch?)

305. I'm on a budget. Can you lower the price?
Mam ograniczony budżet. Czy możesz obniżyć cenę?
(*Mahm oh-grah-neech-zoh-ny boo-dzhet. Chy mo-zhesh ob-nyee-zheech tseh-nuh?*)

306. Do you offer any discounts for cash payments?
Oferujecie zniżki za płatności gotówką?
(*Oh-feh-roo-yeh-tsheh znyeesh-kee zah pwah-tohn-shee go-toof-kah?*)

307. Can you match the price from your competitor?
Czy możesz dostosować cenę do konkurencji?
(*Chy mo-zhesh dos-to-sho-vahch tseh-neh do kon-koo-ren-tsyi?*)

Item Descriptions

308. Can you tell me about this product?
Czy możesz mi powiedzieć o tym produkcie?
(*Chy mo-zhesh mee po-vyed-jeech oh tim pro-dukt-syeh?*)

309. What are the specifications of this item?
Jakie są specyfikacje tego przedmiotu?
(*Yah-kye sah speh-tsi-fi-kah-tsye teh-goh pzhehd-myoh-too?*)

310. Is this available in different colors?
Czy dostępne jest to w różnych kolorach?
(*Chy dos-tep-neh yest to vf roo-zhnyh ko-lo-rah?*)

311. Can you explain how this works?
Czy możesz wyjaśnić, jak to działa?
(*Chy mo-zhesh vee-yash-neech, yak to dzyow-lah?*)

312. What's the material of this item?
Z jakiego materiału jest ten przedmiot?
(*Z yah-ke-go ma-tye-ryah-woo yest ten pzhehd-myoh-too?*)

313. Are there any warranties or guarantees?
Czy są jakieś gwarancje czy ubezpieczenia?
(*Chy sah yah-kye gva-rant-sye chy oo-bez-pye-chen-ya?*)

314. Does it come with accessories?
Czy są do tego akcesoria?
(*Chy sah doh teh-go ahk-se-so-ryah?*)

315. Can you show me how to use this?
Czy możesz mi pokazać, jak to używać?
(*Chy mo-zhesh mee po-kah-zahch, yak to oo-zy-vahch?*)

316. Are there any size options available?
Czy dostępne są różne rozmiary?
(*Chy dos-tep-neh sah roo-zh-neh roz-myary?*)

317. Can you describe the features of this product?
Czy możesz opisać cechy tego produktu?
(*Chy mo-zhesh oh-pee-sahch che-hy teh-go pro-duktu?*)

Payments

318. I'd like to pay with a credit card.
Chciałbym zapłacić kartą kredytową.
(*Hchyow-bim za-pwa-chich kar-tah kreh-dy-to-vah?*)

19. Do you accept debit cards?
Akceptujecie karty debetowe?
(*Ah-kcept-oo-yeh-tsheh kar-ty de-be-to-veh?*)

20. Can I pay in cash?
Czy mogę zapłacić gotówką?
(*Chy mo-geh za-pwa-chich go-toof-kah?*)

> **Idiomatic Expression:** "Pisać jak kura pazurem." -
> Meaning: "To have bad handwriting."
> (Literal translation: "To write like a chicken with a claw.")

21. What's your preferred payment method?
Jaki jest wasz preferowany sposób płatności?
(*Yah-ki yest vash pre-feh-ro-vah-ny shoh-spoob pwah-tohn-shee?*)

22. Is there an extra charge for using a card?
Czy jest dodatkowa opłata za użycie karty?
(*Chy yest do-dat-ko-vah op-wah-tah zah oo-zhy-tsyeh kar-ty?*)

323. Can I split the payment into installments?
Czy mogę podzielić płatność na raty?
(*Chy mo-geh pod-jelich pwah-tohn-shtch nah ra-ty?*)

324. Do you offer online payment options?
Oferujecie opcje płatności online?
(*Oh-feh-roo-yeh-tsheh op-tsyeh pwah-tohn-shti on-line?*)

325. Can I get a receipt for this purchase?
Czy mogę dostać paragon za ten zakup?
(*Chy mo-geh dos-tahch pa-ra-gon zah ten zah-koop?*)

326. Are there any additional fees?
Czy są jakieś dodatkowe opłaty?
(*Chy sah yah-kye do-dat-ko-veh op-wah-ty?*)

327. Is there a minimum purchase amount for card payments?
Czy jest minimalna kwota zakupu dla płatności kartą?
(*Chy yest mee-ni-mal-na kvo-tah zah-koo-poo dlah pwah-tohn-shtchi kar-tah?*)

> **Travel Story:** At the somber grounds of Auschwitz, a tour guide reminded visitors, "Pamięć jest kluczem do przyszłości," meaning "Memory is the key to the future."

Asking for Recommendations

328. Can you recommend something popular?
Czy możesz polecić coś popularnego?
(*Chy mo-zhesh po-le-tshee chosh po-poo-lar-neh-go?*)

329. What's your best-selling product?
Jaki jest wasz najchętniej kupowany produkt?
(*Yah-ki yest vash nye-hoo-tnyey koo-po-vah-ny pro-dukt?*)

330. Do you have any customer favorites?
Czy macie jakieś ulubione produkty przez klientów?
(*Chy ma-tshee yah-kye oo-loo-byo-ne pro-duk-ty pzhez klyen-toof?*)

331. Is there a brand you would suggest?
Czy jest marka, którą byś polecił?
(*Chy yest mar-kah, ktoh-rahh bysh po-le-tsheew?*)

332. Could you point me to high-quality items?
Czy możesz wskazać mi produkty wysokiej jakości?
(*Chy mo-zhesh vshka-zahch mee pro-duk-ty vy-so-kyey ya-ko-shtchi?*)

333. What do most people choose in this category?
Co najczęściej wybierają ludzie w tej kategorii?
(*Tso nigh-chee-styey vy-byeh-rahyoo loo-dzhe v tey ka-teh-go-ryee?*)

334. Are there any special recommendations?
Macie jakieś specjalne rekomendacje?
(*Ma-tshee yah-kye spe-chyal-neh reh-ko-men-dah-tsyeh?*)

335. Can you tell me what's trendy right now?
Czy możesz mi powiedzieć, co jest teraz modne?
(*Chy mo-zhesh mee po-vyed-zhech, tso yest teh-raz mod-neh?*)

336. What's your personal favorite here?
Jaki jest twój osobisty ulubieniec tutaj?
(*Yah-ki yest tvooy oh-so-bee-sty oo-loo-byen-yets too-tie?*)

337. Any suggestions for a gift?
Masz jakieś propozycje na prezent?
(*Mash yah-kye pro-po-tsyeh na preh-zent?*)

> **Language Learning Tip:** Label Objects - Label household objects with their Polish names to boost vocabulary.

Returns and Exchanges

338. I'd like to return this item.
Chciałbym zwrócić ten artykuł.
(Hchyaubym zvo-cheech ten ar-ty-kool.)

339. Can I exchange this for a different size?
Czy mogę wymienić to na inny rozmiar?
(Chy mo-gę vy-myen-eech toh nah een-ny roz-myar?)

340. What's your return policy?
Jaka jest wasza polityka zwrotów?
(Yah-kah yest vah-sha po-lee-ty-kah zvo-rotoof?)

341. Is there a time limit for returns?
Czy jest limit czasowy na zwroty?
(Chy yest lee-mit chah-so-vy nah zvro-ty?)

342. Do I need a receipt for a return?
Czy potrzebuję paragonu na zwrot?
(Chy pot-sheb-oo-yę pah-ra-go-noo nah zvrot?)

343. Is there a restocking fee for returns?
Czy jest opłata za uzupełnienie stanu magazynowego przy zwrotach?
(Chy yest op-wah-tah zah oo-zoo-pe-nye-nye stah-noo mah-ga-zy-no-vo-go pshy zvo-rot-ah?)

344. Can I get a refund or store credit?
Czy mogę otrzymać zwrot pieniędzy lub kredyt sklepowy?
(Chy mo-gę ot-shym-ach zvrot pye-nyen-jedz loob kreh-dit skle-po-vy?)

345. Do you offer exchanges without receipts?
Czy oferujecie wymiany bez paragonu?
(*Chy ofe-ru-ye-tsyeh vy-mya-nye bez pah-ra-go-noo?*)

346. What's the process for returning a defective item?
Jaki jest proces zwrotu wadliwego produktu?
(*Yah-ki yest pro-ces zvo-ro-too vad-lee-ve-go pro-duk-too?*)

347. Can I return an online purchase in-store?
Czy mogę zwrócić zakup zrobiony online w sklepie?
(*Chy mo-gę zvo-cheech zah-koop zro-byo-ny on-line v skle-pee-eh?*)

> **Travel Story:** In the forests of Białowieża, a nature guide whispered, "Cicho, słyszę szept lasu," translating to "Quiet, I hear the whisper of the forest."

Shopping for Souvenirs

348. I'm looking for local souvenirs.
Szukam lokalnych pamiątek.
(*Shoo-kahm loh-kal-nyh pamy-ą-tek.*)

349. What's a popular souvenir from this place?
Jaka jest popularna pamiątka z tego miejsca?
(*Yah-kah yest po-poo-lar-nah pamy-ąt-kah z te-go mye-sca?*)

350. Do you have any handmade souvenirs?
Czy macie jakieś ręcznie robione pamiątki?
(*Chy ma-tsyeh yah-kye ren-chne ro-byo-ne pamy-ąt-kee?*)

351.   Are there any traditional items here?
Czy są tu jakieś tradycyjne przedmioty?
(Chy są too yah-kye-ś tra-dit-sy-on-ne psh-ed-myoty?)

352.   Can you suggest a unique souvenir?
Czy możesz zaproponować unikalną pamiątkę?
(Chy mo-żesh zah-pro-po-no-vąć oo-nee-kal-ną pamy-ąt-kę?)

353.   I want something that represents this city.
Chcę coś, co reprezentuje to miasto.
(Htseh coś, co rep-re-zen-too-ye toh myah-stoh.)

354.   Are there souvenirs for a specific landmark?
Czy są pamiątki związane z konkretnym zabytkiem?
(Chy są pamy-ąt-kee zv-yah-za-neh z kon-kretnym za-bytk-yem?)

355.   Can you show me souvenirs with cultural significance?
Czy możesz pokazać mi pamiątki o znaczeniu kulturalnym?
(Chy mo-żesh po-ka-zać mee pamy-ąt-kee o zna-chen-yoo kool-toor-al-nym?)

356.   Do you offer personalized souvenirs?
Czy oferujecie spersonalizowane pamiątki?
(Chy ofe-ru-ye-tsyeh spehr-so-na-lee-zo-vah-ne pamy-ąt-kee?)

357.   What's the price range for souvenirs?
Jaki jest przedział cenowy pamiątek?
(Yah-kee yest pshedyaw-tseh-no-vy pamy-ą-tek?)

> **Cultural Insight:** Despite being razed during WWII, Warsaw was painstakingly rebuilt, with the Old Town restored to its pre-war appearance, earning it the moniker "Phoenix City."

Shopping Online

58. How do I place an order online?
    Jak złożyć zamówienie online?
    (*Yak zwow-zheech za-mo-vyenyeh on-line?*)

59. What's the website for online shopping?
    Jaki jest adres strony internetowej do zakupów online?
    (*Yah-kee yest ah-dres stro-ny in-ter-ne-to-vej doh za-koop-oof on-line?*)

360. Do you offer free shipping?
    Czy oferujecie darmową wysyłkę?
    (*Chy ofe-ru-ye-tsyeh dar-mo-vą vy-siw-kę?*)

361. Are there any online discounts or promotions?
    Czy są jakieś zniżki czy promocje online?
    (*Chy są yah-kyeś zneesh-kee chi pro-mo-tsye on-line?*)

362. Can I track my online order?
    Czy mogę śledzić moje zamówienie online?
    (*Chy mo-gę śled-zeetch moyeh za-mo-vyenyeh on-line?*)

363. What's the return policy for online purchases?
    Jaka jest polityka zwrotów dla zakupów online?
    (*Yah-kah yest po-lee-ty-kah zvo-rtoof dla za-koop-oof on-line?*)

364. Do you accept various payment methods online?
    Czy akceptujecie różne metody płatności online?
    (*Chy ak-tsep-too-ye-tsyeh rooż-neh meh-to-dy pwah-tnoś-chi on-line?*)

365. Is there a customer support hotline for online orders?
Czy jest infolinia wsparcia klienta dla zamówień online?
(Chy yest in-foh-lee-nya vsparcha klyenta dla za-mo-vyeń on-line?)

> **Idiomatic Expression:** "Walić w dechę." -
> Meaning: "To be very tired."
> (Literal translation: "To hit the plank.")

366. Can I change or cancel my online order?
Czy mogę zmienić lub anulować moje zamówienie online?
(Chy mo-gę zmyen-eech loob ah-noo-wahch mo-yeh za-mo-vye-nyeh on-line?)

367. What's the delivery time for online purchases?
Jaki jest czas dostawy dla zakupów online?
(Yah-kee yest chas do-sta-vy dla za-koop-oof on-line?)

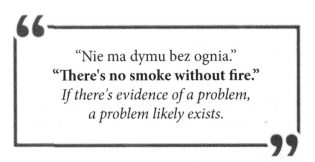

"Nie ma dymu bez ognia."
"There's no smoke without fire."
If there's evidence of a problem,
a problem likely exists.

Cross Word Puzzle: Shopping

(Provide the Polish translation for the following English words)

Down

1. - BRAND
3. - WALLET
5. - CLOTHING
6. - STORE
7. - CASHIER
9. - CUSTOMER
10. - RETAIL
11. - PURCHASE
12. - CART

Across

2. - COUNTER
4. - RECEIPT
7. - SHOPPER
8. - PRICE
12. - SALE
13. - DISCOUNT
14. - BOUTIQUE

Correct Answers:

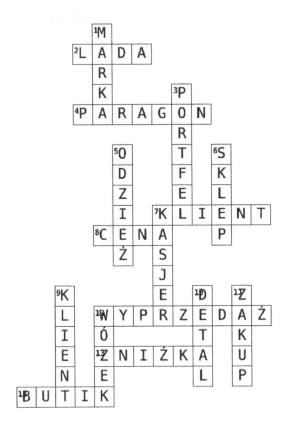

EMERGENCIES

- SEEKING HELP IN CASE OF AN EMERGENCY -
- REPORTING ACCIDENTS OR HEALTH ISSUES -
- CONTACTING AUTHORITIES OR MEDICAL SERVICES -

Getting Help in Emergencies

368. Call an ambulance, please.
Proszę wezwać karetkę.
(Proh-sheh veh-zvahch kah-ret-keh.)

> **Language Learning Tip:** Keep a Polish Diary - Write daily or weekly entries in Polish to practice writing.

369. I need a doctor right away.
Potrzebuję lekarza natychmiast.
(Poht-sheh-boo-yen leh-kah-zah nah-tych-myast.)

370. Is there a hospital nearby?
Czy jest szpital w pobliżu?
(Chy yest shpee-tahl v po-blee-zhoo?)

371. Help! I've lost my way.
Pomocy! Zgubiłem drogę.
(Po-moht-sy! Zgoo-byewm droh-geh.)

372. Can you call the police?
Czy możesz zadzwonić na policję?
(Chy mo-zhesh zah-dzvo-neech nah po-lee-tsyeh?)

373. Someone, please call for help.
Proszę, niech ktoś wezwie pomoc.
(Proh-sheh nyeh htohsh veh-zvee-e poh-mohts.)

374. My friend is hurt, we need assistance.
Mój przyjaciel jest ranny, potrzebujemy pomocy.
(Moy pshih-yah-chyel yest rahn-ny poht-sheb-oo-yeh-mee poh-mohts.)

75. I've been robbed; I need the authorities.
Zostałem okradziony; potrzebuję władz.
(*Zo-stah-wem oh-krah-dzho-ny; poht-sheh-boo-yen vwahdz.*)

76. Please, I need immediate assistance.
Proszę o natychmiastową pomoc.
(*Proh-sheh oh nah-tych-myas-to-vah poh-mohts.*)

77. Is there a fire station nearby?
Czy jest w pobliżu remiza strażacka?
(*Chy yest v po-blee-zhoo reh-mee-zah strah-zat-skah?*)

Reporting Incidents

378. I've witnessed an accident.
Byłem świadkiem wypadku.
(*Byw-wem shvyat-kemy vy-pad-koo.*)

379. There's been a car crash.
Zdarzył się wypadek samochodowy.
(*Zdar-zyw shieh vy-pah-dek sah-moh-ho-do-vy.*)

380. We need to report a fire.
Musimy zgłosić pożar.
(*Moo-simy zgwo-sich po-zhar.*)

381. Someone has stolen my wallet.
Ktoś ukradł mój portfel.
(*Ktohsh oo-krahw mui port-fel.*)

382. I need to report a lost passport.
Muszę zgłosić utracony paszport.
(*Moo-sheh zgho-sich oo-tra-coh-nee pahsh-port.*)

383. There's a suspicious person here.
Tu jest podejrzana osoba.
(*Too yest po-dei-rzhah-nah oh-so-bah.*)

384. I've found a lost child.
Znalazłem zagubione dziecko.
(*Znah-lah-zwem zah-goo-byo-neh dzyeh-cko.*)

385. Can you help me report a missing person?
Czy możesz pomóc mi zgłosić zaginioną osobę?
(*Chy mo-zhesh po-mohtch mee zgho-sich zah-ginyo-nah oh-soh-beh?*)

386. We've had a break-in at our home.
Mieliśmy włamanie do naszego domu.
(*Myel-ish-my vwa-mah-nyeh doh nah-seh-go doh-moo.*)

387. I need to report a damaged vehicle.
Muszę zgłosić uszkodzony pojazd.
(*Moo-sheh zgho-sich oosh-ko-dzo-ny poh-yahzd.*)

Contacting Authorities

388. I'd like to speak to the police.
Chciałbym porozmawiać z policją.
(*Hchow-byhm poh-roh-zmah-vyahch z po-lee-tsyah.*)

389. I need to contact the embassy.
Muszę skontaktować się z ambasadą.
(*Moo-sheh skon-tak-to-vahch shye z ahm-bah-sah-dah.*)

390. Can you connect me to the fire department?
Czy możesz połączyć mnie ze strażą pożarną?
(*Chy mo-zhesh po-won-chich mnyeh zeh strah-zhah poh-zhar-nah?*)

391. We need to reach animal control.
Musimy skontaktować się z kontrolą zwierząt.
(*Moo-simy skon-tak-to-vahch shye z kon-tro-wah zvyer-zont.*)

392. How do I get in touch with the coast guard?
Jak mogę skontaktować się z strażą przybrzeżną?
(*Yahk moh-geh skon-tak-to-vahch shye z strah-zhah pshi-bzhezh-nah?*)

393. I'd like to report a noise complaint.
Chciałbym zgłosić skargę na hałas.
(*Hchow-byhm zgho-sich skar-gheh nah hah-wahs.*)

394. I need to contact child protective services.
Muszę skontaktować się z opieką społeczną nad dziećmi.
(*Moo-sheh skon-tak-to-vahch shye z oh-pyeh-kah spoh-lech-nah naht dzyehch-mee.*)

395. Is there a hotline for disaster relief?
Czy jest infolinia dla pomocy po katastrofie?
(*Chy yest een-foh-lee-nee-ah dla po-mohts po kah-tah-stro-fyeh?*)

> **Fun Fact:** Poland is home to the world's biggest castle by land area, the Castle of the Teutonic Order in Malbork.

396. I want to report a hazardous situation.
Chcę zgłosić niebezpieczną sytuację.
(Hceh zgho-sich nye-bez-pyech-nah see-too-ah-tsyoo.)

397. I need to reach the environmental agency.
Muszę się skontaktować z agencją ochrony środowiska.
(Moo-sheh shyeh skon-tak-to-vahch z ah-gent-syoh oh-hroh-nee shroh-doh-vees-kah.)

> **Travel Story:** At a vibrant folk festival in Lublin, a dancer remarked, "Taniec jest językiem, który wszyscy rozumieją," meaning "Dance is a language everyone understands."

Medical Emergencies

398. I'm feeling very ill.
Czuję się bardzo źle.
(Choo-yeh shyeh bar-zoh zleh.)

399. There's been an accident; we need a medic.
Był wypadek; potrzebujemy lekarza.
(Bihl vy-pah-dek; pot-sheb-oo-myeh leh-kah-zah.)

400. Call 112; it's a medical emergency.
Zadzwoń na 112; to nagła sytuacja medyczna.
(Zahd-zvohn nah sto dva-naście; toh nag-wah see-too-ah-tsyah meh-deech-nah.)

> **Fun Fact:** The Crooked Forest (Krzywy Las) is a mysterious location where trees grow with a 90-degree bend at their base.

401. We need an ambulance right away.
Potrzebujemy karetki natychmiast.
(*Pot-sheb-oo-myeh kah-ret-kee nah-tih-myahst.*)

402. I'm having trouble breathing.
Mam trudności z oddychaniem.
(*Mahm troo-dnoh-schih z od-dih-hah-nyem.*)

403. Someone has lost consciousness.
Ktoś stracił przytomność.
(*Ktohsh strah-cheew pshih-tom-nohsh-ch.*)

404. I think it's a heart attack; call for help.
Myślę, że to atak serca; wezwij pomoc.
(*Mih-shleh zheh toh ah-tahk sehr-tsah; vez-vee poh-moch.*)

405. There's been a severe injury.
Jest poważna rana.
(*Yest po-vahzh-nah rah-nah.*)

406. I need immediate medical attention.
Potrzebuję natychmiastowej pomocy medycznej.
(*Pot-sheb-oo-yeh nah-tih-myah-stoh-veh poh-moh-tsih meh-deech-neh.*)

407. Is there a first-aid station nearby?
Czy jest w pobliżu punkt pierwszej pomocy?
(*Chy yest v poh-bwee-zhoo poonkt pyer-vshei poh-moh-tsi?*)

> **Idiomatic Expression:** "Głodny jak wilk." -
> Meaning: "Very hungry."
> (Literal translation: "Hungry like a wolf.")

Fire and Safety

408. There's a fire; call 112!
Jest pożar; dzwoń na 112!
(Yest poh-zhar; dzvohn nah sto dva-naście!)

409. We need to evacuate the building.
Musimy ewakuować budynek.
(Moo-simy eh-vah-koo-ovach boo-dih-nehk.)

410. Fire extinguisher, quick!
Gaśnica, szybko!
(Gahsh-nee-tsah, shihb-koh!)

411. I smell gas; we need to leave.
Czuję zapach gazu; musimy wyjść.
(Choo-yeh zah-pahh gah-zoo; moo-simy vee-ych.)

> **Fun Fact:** Traditional Polish "cucumber soup" is made from sour, fermented cucumbers.

412. Can you contact the fire department?
Czy możesz skontaktować się z strażą pożarną?
(Chih moh-zhesh skon-tak-to-vach shieh z strah-zhoh poh-zhar-nuh?)

413. There's a hazardous spill; we need help.
Jest niebezpieczny wyciek; potrzebujemy pomocy.
(Yest nye-bez-pyech-nih vuh-tsyehk; pot-sheb-oo-ye-mih poh-mots-ih.)

414. Is there a fire escape route?
Czy jest droga ewakuacyjna w przypadku pożaru?
(Chih yest droh-gah eh-vah-koo-ah-tsih-on-nah v prih-pad-koo poh-zha-roo?)

15. This area is not safe; we need to move.
    Ten obszar nie jest bezpieczny; musimy się przemieścić.
    (*Ten ob-shahr nyeh yest behz-pyech-nih; moo-simy shieh psheh-myesh-chich.*)

16. Alert, there's a potential explosion.
    Alarm, możliwa eksplozja.
    (*Al-arm, mohzh-lee-vah eks-plo-zhya.*)

17. I see smoke; we need assistance.
    Widzę dym; potrzebujemy pomocy.
    (*Vid-zeh dihm; pot-sheb-oo-ye-mih poh-mots-ih.*)

Natural Disasters

118. It's an earthquake; take cover!
    To trzęsienie ziemi; szukaj schronienia!
    (*Toh chen-shen-yeh zye-mee; shoo-kai shkroh-nyen-yah!*)

419. We're experiencing a tornado; find shelter.
    Przeżywamy tornado; szukaj schronienia.
    (*Psh-eh-zhih-vah-mih tor-nah-doh; shoo-kai shkroh-nyen-yah.*)

420. Flood warning; move to higher ground.
    Ostrzeżenie przed powodzią; udaj się na wyższe tereny.
    (*Ost-zheh-zhe-nyeh pshed poh-vo-joh; oo-dai shieh nah vih-zh-sheh teh-reh-nih.*)

421. We need to prepare for a hurricane.
    Musimy przygotować się na huragan.
    (*Moo-simy pshi-goh-to-vach shieh nah hoo-rah-gahn.*)

422. This is a tsunami alert; head inland.
To ostrzeżenie przed tsunami; udajcie się w głąb lądu.
(*Toh ostr-zheh-zhe-nyeh pshed tsoo-nah-mee; oo-dai-tsye shieh v gwomb wondoo.*)

> **Fun Fact:** Poland has a "bear" festival in the town of Przemyśl, celebrating the winter solstice.

423. It's a wildfire; evacuate immediately.
To pożar lasu; ewakuujcie się natychmiast.
(*Toh poh-zhar lah-soo; eh-vah-koo-ytsye shieh na-tih-mee-ahst.*)

424. There's a volcanic eruption; take precautions.
Jest erupcja wulkanu; podjęcie środków ostrożności.
(*Yest eh-roop-tsya vool-kah-noo; pod-yen-tyeh shroh-dkoov os-trozh-nos-tsi.*)

425. We've had an avalanche; help needed.
Miała miejsce lawina; potrzebna jest pomoc.
(*Myah-wah myeh-sheh lah-vee-nah; pot-sheb-nah yest poh-mohts.*)

426. Earthquake aftershock; stay indoors.
Wstrząsy wtórne po trzęsieniu ziemi; zostańcie w domach.
(*Vshchonsi vtoor-neh po chen-sheh-nyoo zye-mee; zoshtah-nytseh v doh-mahh.*)

427. Severe thunderstorm; seek shelter.
Silna burza z piorunami; szukajcie schronienia.
(*Sil-nah boor-zah z pyoh-roo-nah-mee; shoo-kai-tsye skhroh-nyen-ya.*)

> **Idiomatic Expression:** "Lejeć jak z cebra." -
> Meaning: "Raining heavily."
> (Literal translation: "Pouring like from a bucket.")

Emergency Services Information

428. What's the emergency hotline number?
      Jaki jest numer alarmowy?
      (Yah-kee yest noo-mer al-ar-mo-vih?)

429. Where's the nearest police station?
      Gdzie jest najbliższa stacja policji?
      (Gdzyeh yest nigh-bweezh-shah sta-tsya po-leet-syi?)

430. How do I contact the fire department?
      Jak się skontaktować z strażą pożarną?
      (Yahk shieh skon-tak-to-vach z strah-zhoh poh-zhar-nuh?)

431. Is there a hospital nearby?
      Czy jest szpital w pobliżu?
      (Chih yest shpital v po-blee-zhoo?)

432. What's the number for poison control?
      Jaki jest numer do centrum przeciwdziałania zatruciom?
      (Yah-kee yest noo-mer do tsent-room pshet-shiv-dza-wah-nya zat-roo-tsyom?)

433. Where can I find a disaster relief center?
      Gdzie mogę znaleźć centrum pomocy po katastrofie?
      (Gdzyeh mo-geh zna-letch tsent-room po-mots-i po kah-tah-stro-fye?)

> **Fun Fact:** The Polish board game "Eurobusiness" is similar to Monopoly.

434.	What's the local emergency radio station?
Jaka jest lokalna stacja radiowa alarmowa?
(*Yah-kah yest loh-kahl-nah sta-tsya ra-dyoh-vah al-ar-moh-vah?*)

435.	Are there any shelters in the area?
Czy są jakieś schronienia w okolicy?
(*Chih sohwn yah-kyeh shkroh-nyen-ya v oh-koh-lee-tsy?*)

436.	Who do I call for road assistance?
Do kogo dzwonię po pomoc drogową?
(*Do koh-goh dzvo-nyeh po poh-mots droh-goh-vuh?*)

437.	How can I reach search and rescue teams?
Jak mogę skontaktować się z zespołami poszukiwawczymi i ratunkowymi?
(*Yahk moh-geh skon-tahk-toh-vach shieh z zes-po-wah-mee poh-shoo-kyah-vchih-mee ee ra-toon-koh-vih-mee?*)

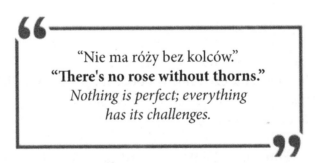

"Nie ma róży bez kolców."
"There's no rose without thorns."
Nothing is perfect; everything has its challenges.

Interactive Challenge: Emergencies Quiz

1. How do you say "emergency" in Polish?

    a) Jabłko
    b) Awaria
    c) Ser
    d) Plaża

2. What's the Polish word for "ambulance"?

    a) Samochód
    b) Rower
    c) Karetka
    d) Szkoła

3. If you need immediate medical attention, what should you say in Polish?

    a) Poproszę chleb.
    b) Gdzie jest stacja?
    c) Potrzebuję natychmiastowej pomocy medycznej.

4. How do you ask "Is there a hospital nearby?" in Polish?

    a) Gdzie jest kino?
    b) Masz długopis?
    c) Czy jest szpital w pobliżu?

5. What's the Polish word for "police"?

    a) Jabłko
    b) Policja
    c) Pociąg

6. How do you say "fire" in Polish?

    a) Słońce
    b) Pies
    c) Ogień
    d) Książka

7. If you've witnessed an accident, what phrase can you use in Polish?

    a) Poproszę czekoladę.
    b) Widziałem wypadek.
    c) Lubię kwiaty.
    d) To jest mój dom.

8. What's the Polish word for "help"?

    a) Do widzenia
    b) Dzień dobry
    c) Dziękuję
    d) Pomoc!

9. How would you say "I've been robbed; I need the authorities" in Polish?

    a) Zjadłem ser.
    b) Zostałem okradziony; potrzebuję władz.
    c) To jest piękna góra.

10. How do you ask "Can you call an ambulance, please?" in Polish?

    a) Czy możesz wezwać taksówkę?
    b) Czy możesz podać mi sól?
    c) Czy możesz wezwać karetkę, proszę?

1. What's the Polish word for "emergency services"?

a) Usługi ratownicze
b) Pyszne ciasto
c) Lekki

2. How do you say "reporting an accident" in Polish?

a) Śpiewać piosenkę
b) Czytać książkę
c) Zgłaszanie wypadku

3. If you need to contact the fire department, what should you say in Polish?

a) Jak dojść do biblioteki?
b) Muszę skontaktować się z strażą pożarną.
c) Szukam mojego przyjaciela.

14. What's the Polish word for "urgent"?

a) Mały
b) Piękny
c) Szybki
d) Pilny

15. How do you ask for the nearest police station in Polish?

a) Gdzie jest najbliższa piekarnia?
b) Gdzie jest najbliższa stacja policji?
c) Masz mapę?
d) Która godzina?

Correct Answers:

1. b)
2. c)
3. c)
4. c)
5. b)
6. c)
7. b)
8. d)
9. b)
10. c)
11. a)
12. c)
13. b)
14. d)
15. b)

EVERYDAY CONVERSATIONS

- SMALL TALK AND CASUAL CONVERSATIONS -
- DISCUSSING THE WEATHER, HOBBIES, AND INTERESTS -
- MAKING PLANS WITH FRIENDS OR ACQUAINTANCES -

Small Talk

438.   How's it going?
       Jak leci?
       (Yahk let-see?)

439.   Nice weather we're having, isn't it?
       Ładna pogoda dzisiaj, prawda?
       (Wad-nah po-go-dah dje-shy-ay, praw-dah?)

440.   Have any exciting plans for the weekend?
       Masz jakieś ekscytujące plany na weekend?
       (Mash yah-kyeh ek-sci-too-yon-che plan-nih nah vee-kend?)

441.   Did you catch that new movie?
       Widziałeś ten nowy film?
       (Vid-zha-wehsh ten no-vih film?)

442.   How's your day been so far?
       Jak ci mija dzień do tej pory?
       (Yahk chee mee-yah jen doh tey poh-rih?)

443.   What do you do for work?
       Czym się zajmujesz?
       (Chim sheh zai-moo-yesh?)

444.   Do you come here often?
       Często tu przychodzisz?
       (Chen-stoh too pshi-ho-jish?)

445.   Have you tried the food at this place before?
       Próbowałeś już jedzenia w tym miejscu?
       (Proh-boh-vah-wehsh yoozh yen-jen-yah vih tim myehn-tsoo?)

446.   Any recommendations for things to do in town?
Masz jakieś rekomendacje co do atrakcji w mieście?
(*Mash yah-kyeh rek-oh-men-dah-tsye co doh ah-trahk-tsji vih myeh-sh-chye?*)

447.   Do you follow any sports teams?
Kibicujesz jakiejś drużynie sportowej?
(*Kee-bee-tsuyesh yah-kyeysh droo-zhi-nee spohr-to-vej?*)

448.   Have you traveled anywhere interesting lately?
Byłeś gdzieś ostatnio w jakimś ciekawym miejscu?
(*Bi-wesh gdye-sh os-tat-nee-oh vih yah-keem-sh chye-kah-vim myehn-tsoo?*)

449.   Do you enjoy cooking?
Lubisz gotować?
(*Loo-bish go-toh-vach?*)

> **Travel Story:** In the coal mines of Katowice, a miner said, "Twarda praca się opłaca," translating to "Hard work pays off."

Casual Conversations

450.   What's your favorite type of music?
Jaki jest twój ulubiony rodzaj muzyki?
(*Yah-kee yest twoi oo-loo-byoh-nih roh-dzai moo-zi-ki?*)

> **Fun Fact:** "Polish" has seven cases in its grammar, which can be a challenge for learners.

451. How do you like to spend your free time?
Jak lubisz spędzać wolny czas?
(*Yahk loo-beesh spehn-jahch vol-nih chahs?*)

452. Do you have any pets?
Masz jakieś zwierzęta domowe?
(*Mash yah-kyeh zvyer-zhem-tah doh-moh-veh?*)

453. Where did you grow up?
Gdzie dorastałeś/dorastałaś?
(*Gdjeh doh-ras-tah-wesh/doh-ras-tah-wahsh?*)

454. What's your family like?
Jaka jest twoja rodzina?
(*Yah-kah yest twoh-yah roh-jee-nah?*)

455. Are you a morning person or a night owl?
Jesteś rannym ptaszkiem czy nocnym markiem?
(*Yest-esh rahn-nim ptahsh-kyem chih nots-nim mar-kyem?*)

456. Do you prefer coffee or tea?
Preferujesz kawę czy herbatę?
(*Preh-feh-roo-yesh kah-veh chih her-bah-teh?*)

457. Are you into any TV shows right now?
Śledzisz teraz jakieś seriale?
(*Shleh-dzish teh-raz yah-kyeh se-rya-leh?*)

> **Idiomatic Expression:** "Mieć nosa." -
> Meaning: "Have a knack or talent for something."
> (Literal translation: "To have a nose.")

458. What's the last book you read?
Jaka jest ostatnia książka, którą przeczytałeś/przeczytałaś?
(*Yah-kah yest os-tat-nee-ah kshionzh-kah, ktoh-rong przeh-chih-tah-wesh/przeh-chih-tah-wahsh?*)

459. Do you like to travel?
Lubisz podróżować?
(*Loo-beesh poh-droh-zho-vach?*)

460. Are you a fan of outdoor activities?
Jesteś fanem aktywności na świeżym powietrzu?
(*Yest-esh fah-nem ahk-teev-nosh-chee nah shvyeh-zhim poh-vyet-choo?*)

461. How do you unwind after a long day?
Jak odpoczywasz po długim dniu?
(*Yahk od-poh-chih-vahsh poh dwoo-gim dnyoo?*)

> **Fun Fact:** Poland has a "Forest of Crooked Trees" where the trees grow with a strange curve at the base.

Discussing the Weather

462. Can you believe this heat/cold?
Wierzysz w to ciepło/zimno?
(*Vyeh-zish v toh tsyeh-pwoh/zim-noh?*)

463. I heard it's going to rain all week.
Słyszałem, że będzie padać cały tydzień.
(*Swuish-zah-wem, zhe byn-deh pah-datch tsa-wih tih-djeng?*)

464. What's the temperature like today?
Jaka jest dzisiaj temperatura?
(*Yah-kah yest djeh-shy-eye tem-peh-rah-too-rah?*)

465. Do you like sunny or cloudy days better?
Wolisz słoneczne czy pochmurne dni?
(*Voh-lish swon-ech-neh chih poh-hmoor-neh dnee?*)

466. Have you ever seen a snowstorm like this?
Widziałeś kiedyś taką śnieżycę?
(*Vee-djah-wesh kyd-ysh tah-kong shn-yeh-zhit-seh?*)

467. Is it always this humid here?
Czy zawsze jest tu tak wilgotno?
(*Chih zav-sheh yest too tahk veel-got-noh?*)

468. Did you get caught in that thunderstorm yesterday?
Zostałeś złapany wczoraj przez burzę?
(*Zo-stah-wesh zwah-pah-nih vcho-raj pshes boo-jeh?*)

469. What's the weather like in your hometown?
Jaka jest pogoda w twoim rodzinnym mieście?
(*Yah-kah yest poh-go-dah ft two-eem roh-jin-nim mye-sh-chih?*)

470. I can't stand the wind; how about you?
Nie znoszę wiatru, a ty?
(*Neeeh zno-sheh vya-troo, ah ti?*)

471. Is it true the winters here are mild?
Czy to prawda, że zimy są tu łagodne?
(*Chih toh prav-dah, zheh zih-mih soh too wah-god-neh?*)

472. Do you like beach weather?
Lubisz pogodę plażową?
(*Loo-beesh poh-go-denh pwa-zhoh-voh?*)

473. How do you cope with the humidity in summer?
Jak radzisz sobie z wilgotnością latem?
(*Yahk rah-dzish soh-beh z veel-got-nyo-schyoh laht-em?*)

> **Idiomatic Expression:** "Piąte koło u wozu." -
> Meaning: "Someone unnecessary in a given situation."
> (Literal translation: "The fifth wheel of a wagon.")

Hobbies

474. What are your hobbies or interests?
Jakie są twoje hobby lub zainteresowania?
(*Yah-kyeh soh two-yeh hob-bee loob zain-teh-res-oh-vah-nyah?*)

475. Do you play any musical instruments?
Czy grasz na jakimś instrumencie muzycznym?
(*Chih grahsh nah yah-keemsh een-stroo-mehn-tsyeh moo-zich-nim?*)

476. Have you ever tried painting or drawing?
Czy próbowałeś malować lub rysować?
(*Chih proo-boh-vah-wesh mah-woh-vach loob rih-soh-vach?*)

477. Are you a fan of sports?
Jesteś fanem sportu?
(*Yest-esh fah-nem spor-too?*)

478. Do you enjoy cooking or baking?
Lubisz gotować czy piec ciasta?
(*Loo-beesh goh-toh-vach chih pyech chyas-tah?*)

> **Fun Fact:** Poland has over 2,000 lakes, with the Masurian
> Lake District containing the largest concentration.

479. Are you into photography?
      Interesujesz się fotografią?
      (Een-teh-reh-soo-yesh shen fo-to-grah-fee-ong?)

480. Have you ever tried gardening?
      Czy próbowałeś kiedyś ogrodnictwa?
      (Chih proo-boh-vah-wesh kyd-ish o-grod-neech-tvah?)

481. Do you like to read in your free time?
      Lubisz czytać w wolnym czasie?
      (Loo-beesh chih-tach v vol-nim chah-sye?)

482. Have you explored any new hobbies lately?
      Odkryłeś jakieś nowe hobby ostatnio?
      (Od-kri-wesh yah-kye-sh no-veh hob-bee os-tat-nee-oh?)

483. Are you a collector of anything?
      Czy jesteś kolekcjonerem czegoś?
      (Chih yest-esh koh-lek-tsyoh-neh-rem cheh-goash?)

484. Do you like to watch movies or TV shows?
      Lubisz oglądać filmy czy seriale?
      (Loo-beesh oh-gwon-dach fil-mih chih seh-rya-leh?)

485. Have you ever taken up a craft project?
      Czy podjąłeś kiedyś projekt rękodzielniczy?
      (Chih pod-yon-wesh kyd-ish pro-yekt ren-ko-dzyel-neech-ih?)

> **Idiomatic Expression:** "Ręce opadają." -
> Meaning: "To be shocked or astonished."
> (Literal translation: "Hands are falling.")

Interests

486. What topics are you passionate about?
Jakie tematy Cię pasjonują?
(Yah-kyeh teh-ma-tih cheh pah-syo-noo-yon?)

487. Are you involved in any social causes?
Angażujesz się w jakieś sprawy społeczne?
(An-gah-zoo-yesh shen v yah-kye-sh sprah-vih spoh-letch-neh?)

488. Do you enjoy learning new languages?
Lubisz uczyć się nowych języków?
(Loo-beesh oo-chih shen no-vih yen-zih-kov?)

> **Fun Fact:** Traditional Polish weddings can last for two days and include a lot of dancing and feasting.

489. Are you into fitness or wellness?
Interesujesz się fitness czy dobrym samopoczuciem?
(Een-teh-reh-soo-yesh shen fit-ness chih dob-rim sah-moh-poch-oo-tsyem?)

490. Are you a technology enthusiast?
Jesteś entuzjastą technologii?
(Yest-esh en-too-zjas-tong tek-no-loh-gii?)

491. What's your favorite genre of books or movies?
Jaki jest twój ulubiony gatunek książek czy filmów?
(Yah-kee yest tvoi oo-lyoo-bee-oh-nih gah-toonek kshon-jek chih film-oov?)

492. Do you follow current events or politics?
Śledzisz aktualności czy politykę?
(Shled-zish ak-too-al-nos-chih chih poh-lee-ty-keh?)

493. Are you into fashion or design?
Interesujesz się modą czy designem?
(Een-teh-reh-soo-yesh shen moe-don czy deh-zy-nem?)

494. Are you a history buff?
Jesteś pasjonatem historii?
(Yest-esh pah-syo-na-tem his-toh-ree?)

495. Have you ever been involved in volunteer work?
Czy kiedyś zaangażowałeś się w wolontariat?
(Chih ky-dish zan-gah-zho-vah-wesh shen v vo-lon-tya-rat?)

496. Are you passionate about cooking or food culture?
Jesteś pasjonatem gotowania lub kultury kulinarnej?
(Yest-esh pah-syo-na-tem go-to-vah-nee-a loob kool-too-ry koo-lee-nar-nej?)

497. Are you an advocate for any specific hobbies or interests?
Czy jesteś zwolennikiem jakichś konkretnych hobby lub zainteresowań?
(Chih yest-esh zvo-len-nee-kyem ya-kish kon-kret-nih hob-bee loob zain-teh-reh-so-vany?)

> **Idiomatic Expression:** "Mieć muchy w nosie." -
> Meaning: "To be in a bad mood."
> (Literal translation: "To have flies in one's nose.")

Making Plans

498. Would you like to grab a coffee sometime?
Może chciałbyś kiedyś wypić kawę?
(Mozh-eh hciau-bish ky-dish vih-pic kah-veh?)

499. Let's plan a dinner outing this weekend.
Zaplanujmy kolację na mieście w ten weekend.
(*Zap-la-nooimy ko-lah-cheh na myeh-shchyeh v ten veh-kend.*)

500. How about going to a movie on Friday night?
Co powiesz na seans w kinie w piątkowy wieczór?
(*Tso po-vyesh na se-ans v kee-nyeh v pyon-tko-vih vyeh-choor?*)

501. Do you want to join us for a hike next weekend?
Chciałbyś dołączyć do nas na wędrówkę w przyszły weekend?
(*Hciau-bish doh-won-chich do nas na ven-droov-kah v pshih-shli veh-kend?*)

502. We should organize a game night soon.
Powinniśmy zorganizować wieczór gier wkrótce.
(*Po-veen-ni-shim zor-gah-nee-zo-vach vyeh-choor gyeh-r vkroh-tseh.*)

503. Let's catch up over lunch next week.
Spotkajmy się na obiedzie w przyszłym tygodniu.
(*Spot-kai-mi shen na oh-byeh-dzeh v pshih-shlim ty-go-dnyoo.*)

504. Would you be interested in a shopping trip?
Czy byłbyś zainteresowany wyjściem na zakupy?
(*Chih biu-bish zain-teh-reh-so-vah-nih viy-shchyem na za-koopih?*)

505. I'm thinking of visiting the museum; care to join?
Myślę o zwiedzaniu muzeum; chcesz się przyłączyć?
(*Mih-shleh o zvyeh-dzah-nyoo moo-zyeh-oom; hchesh shen pshih-won-chich?*)

506. How about a picnic in the park?
Co powiesz na piknik w parku?
(*Tso po-vyesh na peek-neek v par-koo?*)

> **Fun Fact:** Poland has a tradition called "śmigus-dyngus" where people throw water on each other.

507. Let's get together for a study session.
Spotkajmy się na sesję nauki.
(*Spot-kai-mi shen na se-shen now-kee.*)

508. We should plan a beach day this summer.
Powinniśmy zaplanować dzień na plaży tego lata.
(*Po-veen-ni-shim zah-plah-no-vatch jen na plah-zhi teh-go lah-tah.*)

509. Want to come over for a barbecue at my place?
Chcesz przyjść na grilla u mnie?
(*Hchesh pshijshch na gree-lla oo mnyeh?*)

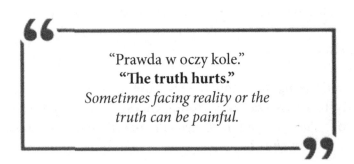

"Prawda w oczy kole."
"The truth hurts."
*Sometimes facing reality or the
truth can be painful.*

Interactive Challenge: Everyday Conversations
(Link each English word with their corresponding meaning in Polish)

1) Conversation	Przemówienie
2) Greeting	Komunikacja
3) Question	Dialog
4) Answer	Wyrażenie
5) Salutation	Rozmowa
6) Communication	Powitanie
7) Dialogue	Pytanie
8) Small Talk	Dyskusja
9) Discussion	Odpowiedź
10) Speech	Pozdrowienie
11) Language	Wymiana pomysłów
12) Exchange of Opinions	Przepychanka
13) Expression	Język
14) Casual Conversation	Wymiana zdań
15) Sharing Ideas	Luźna rozmowa

Correct Answers:

1. Conversation - Rozmowa
2. Greeting - Powitanie
3. Question - Pytanie
4. Answer - Odpowiedź
5. Salutation - Pozdrowienie
6. Communication - Komunikacja
7. Dialogue - Dialog
8. Small Talk - Przepychanka
9. Discussion - Dyskusja
10. Speech - Przemówienie
11. Language - Język
12. Exchange of Opinions - Wymiana zdań
13. Expression - Wyrażenie
14. Casual Conversation - Luźna rozmowa
15. Sharing Ideas - Wymiana pomysłów

BUSINESS & WORK

- INTRODUCING YOURSELF IN A PROFESSIONAL SETTING -
- DISCUSSING WORK-RELATED TOPICS -
- NEGOTIATING BUSINESS DEALS OR CONTRACTS -

Professional Introductions

510. Hi, I'm [Your Name].
Cześć, jestem [Twoje Imię].
(Che-shch, yes-tem [Tvo-yeh Ee-myeh].)

511. What do you do for a living?
Czym się zajmujesz?
(Chim shen zai-moo-yesh?)

512. What's your role in the company?
Jaką masz pozycję w firmie?
(Yak-ong mash po-zi-tsyeh v fir-mye?)

513. Can you tell me about your background?
Możesz mi opowiedzieć o swoim doświadczeniu?
(Mozh-esh mi opo-vyed-zhech o svo-im do-shvyand-zen-yoo?)

514. This is my colleague, [Colleague's Name].
To jest mój kolega, [Imię Kolegi].
(Toh yest moy kole-ga, [Ee-myeh Ko-leh-gee].)

515. May I introduce myself?
Czy mogę się przedstawić?
(Chy mo-gę shen przhed-sta-vich?)

516. I work in [Your Department].
Pracuję w [Twój Dział].
(Pra-tsoo-yę v [Tvoy Dzyal].)

517. How long have you been with the company?
Od jak długo pracujesz w tej firmie?
(Od yak dwoo-go pra-tsoo-yesh v tai fir-mye?)

518. Are you familiar with our team?
Czy znasz nasz zespół?
(*Chy znash nash zes-poo?*)

519. Let me introduce you to our manager.
Pozwól, że ci przedstawię naszego menedżera.
(*Poz-vooł, że tsi przhed-sta-vyę na-se-go men-ed-jera.*)

> **Travel Story:** In Poznań, watching the famous goats' headbutt at noon, a spectator said, "Nie ma jak tradycja," which translates to "There's nothing like tradition."

Work Conversations

520. Can we discuss the project?
Czy możemy omówić projekt?
(*Chy mo-zhe-my o-mo-vich pro-yekt?*)

521. Let's go over the details.
Przeanalizujmy szczegóły.
(*Psheh-anal-ee-zooi-my shchego-woi.*)

522. What's the agenda for the meeting?
Jaki jest porządek obrad na spotkaniu?
(*Yah-kee yest por-zon-dek ob-rad na spot-kah-nyoo?*)

523. I'd like your input on this.
Chciałbym usłyszeć twoje zdanie na ten temat.
(*Hchyał-bim oo-swish-zech tvo-yeh zda-nyeh na ten te-mat.*)

524. We need to address this issue.
Musimy zająć się tą sprawą.
(Moo-si-my zon-jąć sheh tą spraw-ą.)

525. How's the project progressing?
Jak postępuje projekt?
(Yahk po-stę-poo-yeh pro-yekt?)

526. Do you have any updates for me?
Masz jakieś nowości dla mnie?
(Mash ya-kyeś no-voś-chi dla mnye?)

527. Let's brainstorm some ideas.
Zróbmy burzę mózgów nad pomysłami.
(Zroob-my boo-żę móż-guf nad po-mys-wa-mi.)

528. Can we schedule a team meeting?
Czy możemy zaplanować spotkanie zespołu?
(Chy mo-zhe-my zah-pla-no-vać spot-ka-nye zes-po-woo?)

529. I'm open to suggestions.
Jestem otwarty na sugestie.
(Yes-tem ot-var-ty na su-ges-tye.)

Business Negotiations

530. We need to negotiate the terms.
Musimy negocjować warunki.
(Moo-si-my neh-go-tsy-o-vatch va-roon-kee.)

531. What's your offer?
      Jaka jest twoja oferta?
      (*Ya-ka yest tvo-ya of-er-ta?*)

532. Can we find a middle ground?
      Czy możemy znaleźć kompromis?
      (*Chy mo-zhe-my zna-leźć kom-pro-mis?*)

> **Idiomatic Expression:** "Robić z igły widły." -
> Meaning: "To exaggerate a problem."
> (Literal translation: "To make a pitchfork out of a
> needle.")

533. Let's discuss the contract.
      Omówmy umowę.
      (*O-muv-my u-mo-vę.*)

534. Are you flexible on the price?
      Czy jesteś elastyczny co do ceny?
      (*Chy yes-tesh e-las-tych-ny tso do tse-ny?*)

535. I'd like to propose a deal.
      Chciałbym zaproponować umowę.
      (*Hchyał-bym zah-pro-po-no-vatch u-mo-vę.*)

536. We're interested in your terms.
      Jesteśmy zainteresowani państwa warunkami.
      (*Yes-teś-my zain-te-re-so-wa-ni pan-stva va-roon-ka-mi.*)

537. Can we talk about the agreement?
      Czy możemy porozmawiać o umowie?
      (*Chy mo-zhe-my po-roz-ma-vyać o u-mo-vye?*)

> **Fun Fact:** The Gdańsk Shipyard was the birthplace of the
> Solidarity movement.

538. Let's work out the details.
      Dopracujmy szczegóły.
      (*Do-pra-cooimy shche-goo-ły.*)

539. What are your conditions?
      Jakie są twoje warunki?
      (*Yah-kye są tvo-ye va-roon-kee?*)

540. We should reach a compromise.
      Powinniśmy osiągnąć kompromis.
      (*Po-vin-ni-shmy o-si-ąg-nąć kom-pro-mis.*)

> **Fun Fact:** Poland was the only European country to increase its public university enrollment during WWII.

Workplace Etiquette

541. Remember to be punctual.
      Pamiętaj by być punktualnym.
      (*Pa-myen-tai by bych poonk-too-al-nym.*)

542. Always maintain a professional demeanor.
      Zawsze zachowuj profesjonalne zachowanie.
      (*Zav-sheh za-ho-vooi pro-fe-syo-nal-neh za-ho-va-nyeh.*)

543. Respect your colleagues' personal space.
      Szanuj osobistą przestrzeń swoich kolegów.
      (*Shan-ooi o-so-bis-tą pshe-strzeń svoyh ko-le-guf.*)

> **Fun Fact:** The Warsaw Mermaid, or "Warszawska Syrenka", is the symbol of Warsaw.

544. Dress appropriately for the office.
Ubieraj się odpowiednio do biura.
(*Oo-byer-ai się od-povyed-nyo do byoo-ra.*)

545. Follow company policies and guidelines.
Przestrzegaj zasad i wytycznych firmy.
(*Pshes-trze-gai za-sad ee vy-tych-nych fir-my.*)

546. Use respectful language in conversations.
Używaj szanownego języka w rozmowach.
(*Oo-ży-vai sha-no-vne-go yen-zy-ka v roz-mo-vah.*)

547. Keep your workspace organized.
Utrzymuj porządek na swoim stanowisku pracy.
(*Oo-trzy-mooy por-zon-dek na svo-eem sta-no-vis-koo pra-cy.*)

548. Be mindful of office noise levels.
Bądź świadomy poziomu hałasu w biurze.
(*Bądź śvyah-do-mi po-zyo-moo ha-ła-soo v byoo-rzeh.*)

549. Offer assistance when needed.
Oferuj pomoc gdy jest potrzebna.
(*O-fe-rooy po-motch gdy yest pshet-szeb-na.*)

550. Practice good hygiene at work.
Dbaj o dobrą higienę w pracy.
(*Dba-i o do-brą hy-gie-neh v pra-cy.*)

551. Avoid office gossip and rumors.
Unikaj plotek i plotkarskich rozmów w biurze.
(*Oo-nee-kai plo-tek ee plo-tkar-skih roz-moov v byoo-rzeh.*)

Job Interviews

552. Tell me about yourself.
Opowiedz mi o sobie.
(Op-o-vyedz mee o so-bee.)

553. What are your strengths and weaknesses?
Jakie są Twoje mocne i słabe strony?
(Ya-kye są Tvo-ye mot-sneh ee swah-be stro-ny?)

554. Describe your relevant experience.
Opisz swoje doświadczenie związane z pracą.
(O-pish svo-ye doś-vyad-che-nye zvyah-zah-neh z pra-tsą.)

555. Why do you want to work here?
Dlaczego chcesz tu pracować?
(Dla-che-go hcesz too pra-co-wać?)

556. Where do you see yourself in five years?
Gdzie widzisz siebie za pięć lat?
(Gdzye vid-zish shee-byeh za pyeńć lat?)

557. How do you handle challenges at work?
Jak radzisz sobie z wyzwaniami w pracy?
(Yak rad-zish so-beh z vyz-va-nya-mee v pra-cy?)

558. What interests you about this position?
Co Cię interesuje w tej pozycji?
(Tso che in-te-re-su-ye v tei po-zy-tsji?)

> **Idiomatic Expression:** "Być na bakier z czymś." -
> Meaning: "To not be good at something."
> (Literal translation: "To be on bad terms with
> something.")

559. Can you provide an example of your teamwork?
Czy możesz podać przykład swojej pracy zespołowej?
(Tzy mo-zhesh po-dać pży-kład svo-yey pra-cy zes-po-ło-vey?)

560. What motivates you in your career?
Co Cię motywuje w Twojej karierze?
(Tso che mo-ty-vu-ye v Tvo-yey ka-rye-rze?)

561. Do you have any questions for us?
Czy masz jakieś pytania do nas?
(Tzy mash ya-kyesh py-ta-nya do nas?)

562. Thank you for considering me for the role.
Dziękuję za rozważenie mojej kandydatury na to stanowisko.
(Djen-koo-yeh za roz-vazhe-nye mo-yey kan-dy-da-too-ry na to sta-no-vis-ko.)

Office Communication

563. Send me an email about it.
Wyślij mi email na ten temat.
(Vish-liy mee e-mail na ten te-mat.)

564. Let's schedule a conference call.
Umówmy się na telekonferencję.
(U-moov-my się na tele-kon-fe-ren-tsye.)

565. Could you clarify your message?
Czy możesz wyjaśnić swoją wiadomość?
(Tzy mo-zhesh vy-yash-nich svo-yą vya-do-mość?)

566. I'll forward the document to you.
Prześlę Ci dokument.
(*Pshesh-leh Chee doh-koo-ment.*)

567. Please reply to this message.
Proszę odpowiedz na tę wiadomość.
(*Proh-sheh od-po-vyedz na ten vyah-do-mość.*)

568. We should have a team meeting.
Powinniśmy mieć spotkanie zespołowe.
(*Po-vin-nysh-myench spot-ka-nye zes-po-łove.*)

> **Idiomatic Expression:** "Bułka z masłem." -
> Meaning: "Piece of cake; something very easy."
> (Literal translation: "A roll with butter.")

569. Check your inbox for updates.
Sprawdź swoją skrzynkę odbiorczą za aktualizacje.
(*Spra-vdzh svo-yą skshyn-kę od-byorchą za
ak-too-ah-lee-zah-tsyeh.*)

570. I'll copy you on the correspondence.
Dodam Cię do korespondencji.
(*Do-dam Chee do ko-res-pon-den-tsji.*)

571. I'll send you the meeting agenda.
Wyślę Ci harmonogram spotkania.
(*Vish-leh Chee har-mo-no-gram spo-tka-nya.*)

572. Use the internal messaging system.
Użyj wewnętrznego systemu wiadomości.
(*Uzhyi ve-vnent-shne-go sis-te-moo vyah-do-mo-shee.*)

573. Keep everyone in the loop.
   Informuj wszystkich na bieżąco.
   (*In-for-mooy vshyst-kikh na byezh-awn-tso.*)

"Stara miłość nie rdzewieje."
"Old love doesn't rust."
*True love lasts forever; past relationships
hold a special place in our hearts.*

Cross Word Puzzle: Business & Work

(Provide the Polish translation for the following English words)

Down

1. - OFFICE
2. - COMPANY
4. - CLIENTELE
5. - MARKETING
10. - EMPLOYEE
11. - BOSS
13. - TEAM
15. - INCOME

Across

3. - PRODUCT
6. - PROFESSIONAL
7. - BUSINESS
8. - CLIENT
9. - CONTRACT
10. - WORK
12. - PROJECT
14. - SALARY
16. - MEETING

Correct Answers:

EVENTS & ENTERTAINMENT

- BUYING TICKETS FOR CONCERTS, MOVIES OR EVENTS -
- DISCUSSING ENTERTAINMENT & LEISURE ACTIVITIES -
- EXPRESSING JOY OR DISAPPOINTMENT WITH AN EVENT -

Ticket Purchases

574. I'd like to buy two tickets for the concert.
Chciałbym kupić dwa bilety na koncert.
(Hchow-byim koo-pich dvah bee-le-ty nah kon-tsert.)

575. Can I get tickets for the movie tonight?
Czy mogę dostać bilety na dzisiejszy film?
(Chy mo-geh do-stach bee-le-ty nah djees-ey-shee film?)

576. We need to book tickets for the upcoming event.
Musimy zarezerwować bilety na nadchodzące wydarzenie.
(Moo-simy zah-reh-zer-vovach bee-le-ty nah nad-hod-zawn-tseh vee-dar-zen-ye.)

577. What's the price of admission?
Jaka jest cena wstępu?
(Ya-kah yest tsenah vsten-poo?)

578. Do you offer any discounts for students?
Czy oferujecie zniżki dla studentów?
(Chy oh-feh-roo-yeh-tsyeh znee-zkee dl-ah stu-den-toof?)

579. Are there any available seats for the matinee?
Czy są dostępne miejsca na poranek?
(Chy saw do-step-neh mye-scah nah po-ran-ek?)

580. How can I purchase tickets online?
Jak mogę kupić bilety przez internet?
(Yak mo-geh koo-pich bee-le-ty pshes in-ter-net?)

581. Is there a box office nearby?
Czy jest w pobliżu kasa biletowa?
(*Chy yest v pob-lee-zhoo kah-sah bee-leh-to-vah?*)

582. Are tickets refundable if I can't attend?
Czy bilety są zwrotne, jeśli nie mogę uczestniczyć?
(*Chy bee-le-ty saw zvro-tn-eh, yeh-shli nye mo-geh oo-ches-nee-chich?*)

583. Can I choose my seats for the show?
Czy mogę wybrać moje miejsca na przedstawienie?
(*Chy mo-geh vee-brach mo-yeh mye-scah nah psh-ed-stav-yen-ye?*)

584. Can I reserve tickets for the theater?
Czy mogę zarezerwować bilety do teatru?
(*Chy mo-geh zah-reh-zer-vovach bee-le-ty doh teh-a-troo?*)

585. How early should I buy event tickets?
Jak wcześnie powinienem kupić bilety na wydarzenie?
(*Yak vche-shnee po-vin-yen-em koo-pich bee-le-ty nah vee-dar-zen-ye?*)

586. Are there any VIP packages available?
Czy są dostępne pakiety VIP?
(*Chy saw do-step-neh pak-yet-y V.I.P.?*)

587. What's the seating arrangement like?
Jaka jest rozmieszczenie miejsc?
(*Ya-kah yest roz-myesh-chen-yeh mye-sch?*)

> **Idiomatic Expression:** "Chodzić jak kot z pędu."
> - Meaning: "To be restless."
> (Literal translation: "To walk like a cat around hot porridge.")

588. Is there a family discount for the movie?
Czy jest zniżka rodzinna na film?
(*Chy yest zneeż-kah rod-zeen-nah nah film?*)

589. I'd like to purchase tickets for my friends.
Chciałbym kupić bilety dla moich przyjaciół.
(*Hchow-byim koo-pich bee-le-ty dla moyh pshih-yah-tsyoo-ł.*)

> **Fun Fact:** Poland has a rich tradition of glass and crystal production.

590. Do they accept credit cards for tickets?
Czy akceptują karty kredytowe na bilety?
(*Chy ak-tseptoo-yon kahr-ty kre-dy-to-veh nah bee-le-ty?*)

591. Are there any age restrictions for entry?
Czy są jakieś ograniczenia wiekowe na wejście?
(*Chy saw ya-kye-ś oh-gra-ni-chen-ya vyeh-ko-veh nah vay-sh-chye?*)

592. Can I exchange my ticket for a different date?
Czy mogę wymienić bilet na inną datę?
(*Chy mo-geh vym-yen-eech bee-let nah in-non dah-too?*)

Leisure Activities

593. What do you feel like doing this weekend?
Co masz ochotę robić w ten weekend?
(*Tso mash oh-ho-teh ro-beech v ten veek-end?*)

594.   ˙ Let's discuss our entertainment options.
       Omówmy nasze opcje rozrywki.
       (*Oh-moof-my nah-sheh op-tsyeh roz-riv-kee.*)

>   **Fun Fact:** The Polish city of Toruń is known for its
>   gingerbread.

595.   I'm planning a leisurely hike on Saturday.
       Planuję spokojny spacer w sobotę.
       (*Pla-noo-yen spo-koyny spa-tser v so-boh-ten.*)

596.   Do you enjoy outdoor activities like hiking?
       **Czy lubisz aktywności na świeżym powietrzu, takie jak
       spacery?**
       (*Chy loo-beesh ak-tiv-ność nah shvyen-zym po-vyet-shoo, tah-kye
       yak spa-tse-ry?*)

597.   Have you ever tried indoor rock climbing?
       Czy próbowałeś już kiedyś wspinaczki na ściance?
       (*Chy pro-boh-vah-weś yooż kyen-dyś vspin-at-ki nah śchyan-tse?*)

598.   I'd like to explore some new hobbies.
       Chciałbym odkryć kilka nowych hobby.
       (*Hchow-byim od-kritch keel-kah no-vih ho-bee.*)

599.   What are your favorite pastimes?
       Jakie są twoje ulubione sposoby spędzania czasu?
       (*Ya-kye saw tvo-ye oo-lyu-byoh-neh spo-so-bee spen-jah-nyah
       chah-soo?*)

>   **Cultural Insight:** To celebrate the end of winter, Poles
>   partake in a ritual called "Drowning of Marzanna," where
>   effigies of the Slavic goddess of winter are thrown into
>   rivers.

600. Are there any interesting events in town?
Czy są jakieś ciekawe wydarzenia w mieście?
(*Chy saw ya-kyeś chyeh-kah-veh vydah-zen-ya v mye-shchye?*)

601. Let's check out the local art exhibition.
Zobaczmy lokalną wystawę sztuki.
(*Zo-bach-my loh-kal-noo vistah-veh shtoo-kee.*)

602. How about attending a cooking class?
Może pójdziemy na kurs gotowania?
(*Moh-zheh puyj-dzye-my nah koors goto-van-ya?*)

603. Let's explore some new recreational activities.
Poznajmy nowe formy rekreacji.
(*Poz-ni-my no-veh formy rek-re-ah-tsyi.*)

604. What's your go-to leisure pursuit?
Jakie są twoje ulubione formy spędzania wolnego czasu?
(*Ya-kye saw tvo-ye oo-lyu-byo-neh formy spen-jan-ya vol-neh-go chah-soo?*)

605. I'm considering trying a new hobby.
Zastanawiam się nad wypróbowaniem nowego hobby.
(*Za-stan-ah-vyam shyeh nad vyp-ro-bo-van-yem no-veh-go ho-bee.*)

606. Have you ever attended a painting workshop?
Czy byłeś kiedyś na warsztatach malarskich?
(*Chy by-wesh kyed-ysh nah var-shta-tah mal-ar-skeeh?*)

> **Fun Fact:** Polish Christmas tradition includes breaking the "opłatek" wafer with family members.

507. What's your favorite way to unwind?
Jaki jest twój ulubiony sposób na relaks?
(*Ya-kee yest tvooy oo-lyu-byo-ny spo-sohp nah re-laks?*)

508. I'm interested in joining a local club.
Jestem zainteresowany dołączeniem do lokalnego klubu.
(*Yestem zain-te-re-so-van-y do-won-chen-yem doh loh-kal-neh-go kloob-oo.*)

509. Let's plan a day filled with leisure.
Zaplanujmy dzień pełen wypoczynku.
(*Zap-la-noo-my jen peh-wen vypo-chyn-koo.*)

610. Have you ever been to a live comedy show?
Czy byłeś kiedyś na żywo na komediowym występie?
(*Chy by-wesh kyed-ysh nah zhi-voh nah ko-me-dyo-vym visten-pyeh?*)

611. I'd like to attend a cooking demonstration.
Chciałbym wziąć udział w pokazie gotowania.
(*Hchow-byim vzyon-ć oo-dział v po-kaz-yeh goto-van-ya.*)

> **Fun Fact:** The town of Kazimierz Dolny is considered one of Poland's most beautiful towns.

Event Reactions

612. That concert was amazing! I loved it!
Ten koncert był niesamowity! Uwielbiałem go!
(*Ten kon-chert byw nye-sa-mo-vee-tee! Uvyel-byah-wem goh!*)

613. I had such a great time at the movie.
Bardzo dobrze się bawiłem na filmie.
(*Bar-dzo dob-zhe shye bah-vyew-łem na fee-mye.*)

614. The event exceeded my expectations.
Wydarzenie przekroczyło moje oczekiwania.
(*Vydah-zen-ye przeh-kroh-chy-wo mo-yeh oh-cheh-kee-van-ya.*)

615. I was thrilled by the performance.
Byłem zachwycony występem.
(*By-wem zah-hvih-coh-ny visteh-pem.*)

616. It was an unforgettable experience.
To było niezapomniane doświadczenie.
(*To by-wo nye-zah-poh-myah-neh doh-shvyadh-chen-ye.*)

617. I can't stop thinking about that show.
Nie mogę przestać myśleć o tym przedstawieniu.
(*Nyeh mo-geh pshes-tach my-slech o tym pzhed-stah-vye-nyoo.*)

618. Unfortunately, the event was a letdown.
Niestety, wydarzenie było rozczarowaniem.
(*Nyeh-stet-ty, vydah-zen-ye by-wo roz-cha-roh-van-yem.*)

619. I was disappointed with the movie.
Byłem rozczarowany filmem.
(*By-wem roz-cha-roh-vah-ny fee-lem.*)

620. The concert didn't meet my expectations.
Koncert nie spełnił moich oczekiwań.
(*Kon-chert nyeh spe-wni-w mo-ih oh-cheh-kee-van.*)

621. I expected more from the exhibition.
Oczekiwałem więcej od wystawy.
(Oh-cheh-kee-vah-wem vyen-tsheh od vistah-vee.)

622. The event left me speechless; it was superb!
Wydarzenie było tak wspaniałe, że zabrakło mi słów!
(Vydah-zen-ye by-wo tak vspan-yah-we, żeh zah-brak-wo mee swuv!)

623. I was absolutely thrilled with the performance.
Byłem absolutnie zachwycony występem.
(By-wem ab-so-loot-nyeh zah-hvih-coh-ny visteh-pem.)

> **Idiomatic Expression:** "Cisza jak makiem zasiał." - Meaning: "Dead silence."
> (Literally: "Silent as if sown with poppies.")

624. The movie was a pleasant surprise.
Film był miłą niespodzianką.
(Feelm by-w był mew-aw nye-spoh-dzian-kaw.)

625. I had such a blast at the exhibition.
Świetnie się bawiłem na wystawie.
(Shfyen-tyeh shye bah-vyew-łem na vistah-vee.)

626. The concert was nothing short of fantastic.
Koncert był po prostu fantastyczny.
(Kon-chert by-w po pro-stoo fan-tas-teech-ny.)

627. I'm still on cloud nine after the event.
Po wydarzeniu nadal jestem w siódmym niebie.
(Po vydah-zen-yoo nah-dal yes-tem v shoo-dmym nye-byeh.)

628. I was quite underwhelmed by the show.
   Przedstawienie raczej mnie rozczarowało.
   (Pzhed-stah-vyeh-nyeh ra-cheh mnyeh roz-cha-roh-vah-wo.)

629. I expected more from the movie.
   Oczekiwałem więcej od filmu.
   (Oh-cheh-kee-vah-wem vyen-tsheh od feel-moo.)

630. Unfortunately, the exhibition didn't impress me.
   Niestety, wystawa nie zrobiła na mnie wrażenia.
   (Nyeh-stet-ty, vystah-vah nyeh zroh-bee-wah nah mnyeh vrah-zheh-nya.)

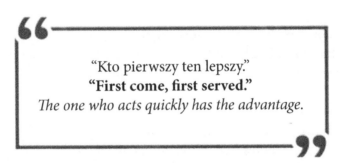

"Kto pierwszy ten lepszy."
"First come, first served."
The one who acts quickly has the advantage.

Mini Lesson:
Basic Grammar Principles in Polish #2

Introduction:

Dive deeper into the heart of Polish grammar with this second installment of basic principles. Polish grammar is known for its complexity, but also for its precision and expressive capabilities. In this lesson, we'll cover more advanced topics that will help you form more complex sentences and communicate in a variety of situations.

1. Adjective Agreement:

Polish adjectives agree with the noun they modify in terms of gender, number, and case. Remember, Polish has three genders (masculine, feminine, neuter), two numbers (singular, plural), and seven cases. For example:

- *Dobry chłopiec (a good boy) - masculine*
- *Dobra dziewczyna (a good girl) - feminine*
- *Dobre dziecko (a good child) - neuter*

2. Prepositions and Cases:

Prepositions in Polish often dictate the case of the noun that follows. The correct case changes the ending of the noun and adjective. For instance, "w" (in) requires the locative case:

- *W Polsce (in Poland)*

143

3. Personal Pronouns:

Like nouns and adjectives, Polish personal pronouns change form depending on the case:

- *Widzisz mnie? (Do you see me?) - "mnie" as a direct object (acusative case).*
- *Dajesz mi książkę? (Are you giving me the book?) - "mi" as an indirect object (dative case).*

4. Conjunctions:

Conjunctions connect words, phrases, clauses, or sentences. Some common Polish conjunctions include "i" (and), "ale" (but), "lub" (or), "bo" (because):

- *Lubię jabłka i pomarańcze. (I like apples and oranges.)*
- *Jest późno, ale nie chcę iść do domu. (It's late, but I don't want to go home.)*
- *Idziesz na spacer lub zostajesz w domu? (Are you going for a walk or staying at home?)*
- *Nie poszedłem do pracy, bo byłem chory. (I didn't go to work because I was sick.)*

5. Aspect of Verbs:

Polish verbs come in pairs to express aspect: perfective (completed actions) or imperfective (ongoing or habitual actions). This is separate from tense:

- *Kupiłem dom (I bought [and finished buying] a house) - perfective*
- *Kupowałem dom (I was buying [over a period of time] a house) - imperfective*

5. Reflexive Verbs:

Reflexive verbs in Polish also reflect actions done to oneself and use reflexive pronouns like "się":

- *Myję się (I wash myself)*
- *Ubierasz się (You dress yourself)*

Conclusion:

Understanding these more nuanced grammar rules is key to mastering Polish. Practice makes perfect, so try to use these new concepts in conversation or writing. Immerse yourself in the language, and remember, każdy błąd to nowa lekcja (every mistake is a new lesson). Powodzenia! (Good luck!)

HEALTHCARE & MEDICAL NEEDS

- EXPLAINING SYMPTOMS TO A DOCTOR -
- REQUESTING MEDICAL ASSISTANCE -
- DISCUSSING MEDICATIONS AND TREATMENT -

Explaining Symptoms

631. I have a persistent headache.
Mam uporczywy ból głowy.
(Mam oo-por-chi-vih bó-w goo-oh-vih.)

632. My throat has been sore for a week.
Od tygodnia boli mnie gardło.
(Od tih-gohd-nya boh-lee mnyeh gard-woh.)

633. I've been experiencing stomach pain and nausea.
Mam bóle żołądka i nudności.
(Mam bó-weh zho-won-dka ee noot-noh-shtsi.)

634. I have a high fever and chills.
Mam wysoką gorączkę i dreszcze.
(Mam vee-soh-kom goh-rong-chkeh ee dreh-scheh.)

635. My back has been hurting for a few days.
Od kilku dni boli mnie plecy.
(Od keel-koo dnee boh-lee mnyeh pleh-tsi.)

636. I'm coughing up yellow mucus.
Kaszlę żółtą flegmą.
(Kah-shleh zhoow-tom fleg-mom.)

637. I have a rash on my arm.
Mam wysypkę na ramieniu.
(Mam vi-sihp-kem nah ra-mye-nyoo.)

638. I feel dizzy and lightheaded.
Czuję zawroty głowy i lekkomyślność.
(Choo-yeh zav-roh-tih goo-oh-vih ee leh-ko-mih-slohn-shtch.)

639. I've been having trouble breathing.
Mam problemy z oddychaniem.
(Mam proh-bleh-mih z od-dih-hahn-yem.)

> **Travel Story:** On the serene waters of the Masurian Lakes, a sailor shared, "Spokój ducha to prawdziwe bogactwo," meaning "Peace of mind is true wealth."

640. My joints are swollen and painful.
Mam spuchnięte i bolące stawy.
(Mam spoo-hnyehn-teh ee boh-won-cheh stah-vih.)

641. I've had diarrhea for two days.
Mam biegunkę od dwóch dni.
(Mam byeh-goon-keh od dvoo-h dnee.)

642. My eyes are red and itchy.
Mam zaczerwienione i swędzące oczy.
(Mam zat-cherv-yen-yoh-neh ee svend-zon-cheh oh-chih.)

643. I've been vomiting since last night.
Wymiotuję od wczorajszego wieczoru.
(Vih-myoh-tooyeh od vcho-ry-sheh-go vyeh-cho-roo.)

644. I have a painful, persistent toothache.
Mam uporczywy i bolesny ból zębów.
(Mam oo-por-chi-vih ee boh-les-nih bó-w zemb-oof.)

645. I'm experiencing fatigue and weakness.
Czuję zmęczenie i słabość.
(Choo-yeh zmehn-chen-yeh ee swah-bosh-ch.)

646. I've noticed blood in my urine.
Zauważyłem krew w moim moczu.
(*Zau-vah-ży-wem krev v mo-im mo-chu.*)

647. My nose is congested, and I can't smell anything.
Mam zatkany nos i nic nie czuję.
(*Mam za-tka-nih nos ee nic nie choo-yeh.*)

648. I have a cut that's not healing properly.
Mam ranę, która się nie goi prawidłowo.
(*Mam ran-eh, któ-ra się nie goy praw-id-wo-wo.*)

649. My ears have been hurting, and I can't hear well.
Bolą mnie uszy i słabo słyszę.
(*Bo-wom mnye oo-szih ee swa-bo swish-eh.*)

650. I think I might have a urinary tract infection.
Myślę, że mogę mieć infekcję dróg moczowych.
(*Mih-shleh że mo-gę myech in-fek-cyą droog mo-chov-ih.*)

651. I've had trouble sleeping due to anxiety.
Mam problemy ze snem z powodu lęku.
(*Mam pro-bleh-mih ze snem z po-vo-du wen-koo.*)

Requesting Medical Assistance

652. I need to see a doctor urgently.
Pilnie potrzebuję zobaczyć lekarza.
(*Pil-nye po-tshe-boo-yeh zoh-ba-chih leh-kar-za.*)

653. Can you call an ambulance, please?
Czy możesz wezwać karetkę, proszę?
(*Chih mo-zesh vez-vonch ka-ret-keh pro-sheh?*)

654. I require immediate medical attention.
Potrzebuję natychmiastowej pomocy medycznej.
(*Po-tshe-boo-yeh na-tih-myas-to-vei pomo-tsi meh-dihch-nej.*)

655. Is there an available appointment today?
Czy jest dostępna wizyta na dziś?
(*Chih yest do-stęp-na vee-zy-ta na djeesh?*)

656. Please help me find a nearby clinic.
Proszę, pomóż mi znaleźć najbliższą klinikę.
(*Pro-sheh, po-moosh mi zna-lejch nigh-bli-shom kli-nee-kę.*)

657. I think I'm having a medical emergency.
Myślę, że mam nagły przypadek medyczny.
(*Mih-shleh że mam nag-wih pshi-pa-dek meh-dihch-nih.*)

658. Can you recommend a specialist?
Czy możesz polecić specjalistę?
(*Chih mo-zesh po-leh-chich speh-cya-lis-tę?*)

> **Idiomatic Expression:** "Dać nogę." -
> Meaning: "To run away."
> Literal translation: "To give a leg."

659. I'm in severe pain; can I see a doctor now?
Mam silny ból; czy mogę teraz zobaczyć lekarza?
(*Mam sil-nih bów; chih mo-gę teh-raz zoh-ba-chih leh-kar-za?*)

660. Is there a 24-hour pharmacy in the area?
Czy jest apteka czynna całą dobę w okolicy?
(Chih yest ap-te-ka chyn-na ca-wom do-beh v o-ko-li-tsy?)

661. I need a prescription refill.
Potrzebuję nową receptę.
(Po-tshe-boo-yeh no-vom re-tsep-tę.)

662. Can you guide me to the nearest hospital?
Czy możesz pokierować mnie do najbliższego szpitala?
(Chih mo-zesh po-kyeh-ro-vach mnye do nigh-blij-she-go shpi-ta-la?)

> **Fun Fact:** Poland's first astronaut, Mirosław Hermaszewski, flew to space in 1978.

663. I've cut myself and need medical assistance.
Skaleczyłem się i potrzebuję pomocy medycznej.
(Ska-le-chi-wem się ee po-tshe-boo-yeh po-mo-tsy meh-dihch-nej.)

664. My child has a high fever; what should I do?
Moje dziecko ma wysoką gorączkę; co powinienem zrobić?
(Mo-yeh dzyeh-ko ma vyi-so-kom go-rowch-kę; co po-vinyenem zro-bich?)

665. Is there a walk-in clinic nearby?
Czy jest w okolicy klinika bez skierowania?
(Chih yest v o-ko-li-tsy kli-nee-ka bez skyeh-ro-van-ya?)

666. I need medical advice about my condition.
Potrzebuję porady medycznej odnośnie mojego stanu.
(Po-tshe-boo-yeh po-ra-dih meh-dihch-nej od-no-shne mo-yeh-go sta-nu.)

667. My medication has run out; I need a refill.
Skończyły mi się leki; potrzebuję nowych.
(*Skon-chi-wih mi się leh-ki; po-tshe-boo-yeh no-vih.*)

668. Can you direct me to an eye doctor?
Czy możesz skierować mnie do okulisty?
(*Chih mo-zesh skyeh-ro-vach mnye do o-ku-li-stih?*)

669. I've been bitten by a dog; I'm concerned.
Zostałem ugryziony przez psa; jestem zaniepokojony.
(*Zo-staw-wem oo-gry-zio-nih pshes p-sah; yes-tem za-nye-po-ko-yo-nih.*)

670. Is there a dentist available for an emergency?
Czy jest dostępny dentysta na wypadek nagły?
(*Chih yest do-stęp-nih den-ti-sta na vi-pa-tek naw-gwi?*)

671. I think I might have food poisoning.
Myślę, że mogłem się zatruć pokarmowo.
(*Mih-shleh że mo-gwem się za-trooch po-kar-mo-vo.*)

672. Can you help me find a pediatrician for my child?
Czy możesz pomóc mi znaleźć pediatrę dla mojego dziecka?
(*Chih mo-zesh po-moch mi zna-lejch peh-dya-trę dla mo-yeh-go dzyeh-ka?*)

> **Idiomatic Expression:** "Dostać w skórę." -
> Meaning: "To get beaten up."
> (Literal translation: "To get it on the skin.")

Discussing Medications and Treatments

673.   What is this medication for?
Do czego jest ten lek?
(Do che-go yest ten lek?)

674.   How often should I take this pill?
Jak często powinienem brać tę tabletkę?
(Yak chen-sto po-vin-yen-em brach ten-ta-blet-kę?)

675.   Are there any potential side effects?
Czy są jakieś potencjalne skutki uboczne?
(Chih sown ya-kye-sh pot-en-tsal-ne skoot-kee u-botch-ne?)

676.   Can I take this medicine with food?
Czy mogę brać ten lek z jedzeniem?
(Chih mo-gę brach ten lek z yed-ze-nyem?)

677.   Should I avoid alcohol while on this medication?
Czy powinienem unikać alkoholu podczas brania tego leku?
(Chih po-vin-yen-em oo-nee-kach al-ko-ho-lu pod-chas bra-nya te-go le-ku?)

678.   Is it safe to drive while taking this?
Czy jest bezpiecznie prowadzić pojazd podczas brania tego?
(Chih yest bezh-pyech-nyeh pro-vad-zeetch po-yazd pod-chas bra-nya te-go?)

679.   How long do I need to continue this treatment?
Jak długo powinienem kontynuować to leczenie?
(Yak dwu-go po-vin-yen-em kon-ti-ny-o-wach to le-chen-yeh?)

680. Can you explain the dosage instructions?
Czy możesz wyjaśnić instrukcje dawkowania?
(Chih mo-zesh vi-yash-neech in-struk-tsyeh dav-ko-van-ya?)

681. What should I do if I miss a dose?
Co powinienem zrobić, jeśli pominę dawkę?
(Tso po-vin-yen-em zro-bich yeh-shli po-mi-neh dav-kę?)

682. Are there any dietary restrictions?
Czy są jakieś ograniczenia dietetyczne?
(Chih sown ya-kye-sh o-gra-ni-chen-ya dyet-et-ich-ne?)

> **Fun Fact:** Łódź is known as the "Polish Manchester" due to its historical textile industry.

683. Can I get a generic version of this medication?
Czy mogę otrzymać generyczną wersję tego leku?
(Chih mo-gę ot-shi-match geh-ner-ich-nom ver-shyeh te-go le-ku?)

684. Is there a non-prescription alternative?
Czy jest alternatywa bez recepty?
(Chih yest al-ter-na-ty-vah bez re-cep-tih?)

685. How should I store this medication?
Jak powinienem przechowywać ten lek?
(Yak po-vin-yen-em psh-echo-vi-vach ten lek?)

686. Can you show me how to use this inhaler?
Czy możesz pokazać mi, jak używać tego inhalatora?
(Chih mo-zesh po-ko-zach mi, yak oo-ży-vach te-go in-ha-la-to-ra?)

155

687. What's the expiry date of this medicine?
Jaka jest data ważności tego leku?
(*Yaka yest da-ta vazh-no-sci te-go le-ku?*)

> **Fun Fact:** The "mazurka" is a traditional Polish folk dance.

688. Do I need to finish the entire course of antibiotics?
Czy muszę skończyć cały cykl antybiotyków?
(*Chih moo-shche skon-chich tsah-wih tsikl an-ty-byo-ty-kov?*)

689. Can I cut these pills in half?
Czy mogę przeciąć te tabletki na pół?
(*Chih mo-geh pshetch-onch te ta-blet-kee na pow?*)

690. Is there an over-the-counter pain reliever you recommend?
Czy jest jakiś dostępny bez recepty środek przeciwbólowy, który byś polecił?
(*Chih yest ya-keesh do-step-ny bez re-cep-ty shro-dek pshet-siv-bo-lo-vih, kto-righ bish po-le-chiw?*)

691. Can I take this medication while pregnant?
Czy mogę zażywać ten lek w ciąży?
(*Chih mo-geh zazhi-vach ten lek v chon-zhee?*)

692. What should I do if I experience an allergic reaction?
Co powinienem zrobić, jeśli wystąpi u mnie reakcja alergiczna?
(*Tso po-vin-yen-em zro-bich, ye-swi vy-ston-pee u m-nyeh re-ak-tsi-a al-er-gich-na?*)

> **Fun Fact:** The town of Sandomierz in Poland features underground tourist routes.

593.　Can you provide more information about this treatment plan?
Czy możesz podać więcej informacji o tym planie leczenia?
(*Chih mo-zesh po-dach vyen-tshey in-for-ma-tsi o tim pla-nyeh le-chen-ya?*)

> "Dzieci i ryby głosu nie mają."
> **"Children and fish have no voice."**
> *Some groups don't have a say in matters, often used to reference those who are marginalized.*

Word Search Puzzle: Healthcare

HOSPITAL
SZPITAL
DOCTOR
LEKARZ
MEDICINE
LEK
PRESCRIPTION
RECEPTA
APPOINTMENT
WIZYTA
SURGERY
CHIRURGIA
VACCINE
SZCZEPIONKA
PHARMACY
APTEKA
ILLNESS
CHOROBA
TREATMENT
LECZENIE
DIAGNOSIS
DIAGNOZA
RECOVERY
WYZDROWIENIE
SYMPTOM
OBJAW
IMMUNIZATION
SZCZEPIENIE

```
L H J D Z A Y V V Y T Z V K M L
O L Y R T Z P A R N B D M O V
U J L Y J L X C Y E H Y J T C
B R Z E X G Y C A M R A H P T
Y I S D K T T I A T G E F M F
W X S L P A E N A N F I N Y J
Z C E E T L R E Z I M G T S S
A C N U I O I Z A O Q Z L Z W
K B L O L N N G X P Z V C A B
S O L J K F E C Z P G Z J T C
M Z I G V I F I V A E B E M T
Q K C K H C S K W P O G I J K
E F F Z T D M L I O E K W B N
A T D Z E R O O E U R D G P O
N T V T B P N Z R C I D X T B
A F P B Y K I V X A Z Q Z A O
J R E E A L I E G J L E D Y V
C W C X C K J N N R D R N A W
A H K K W E O E T I E K B I O
I K I M Y Z R N F A E O W D E
Z J E R A Q G T T F R R D I L
U K J T U T L Z P O H Y C A A
E H B C P R T A H S T R X G V
W N K R L A G C A P N Y Y N Y
W B X E E N R I H H G M N O O
M X K Q Q L F B A H K K U S Y
E L T R E A T M E N T N L I P
D P I F U T X V R L B A T S M
I P L C O I D M Q Z T Q V N A
C Z B Y U P N U R I O R O X K
I F U B C S R P P D O C T O R
N Q I O R O Y Z S U R G E R Y
E Z G L D H S Y R E V O C E R
N O I T P I R C S E R P T E J
I I M M U N I Z A T I O N T O
```

Correct Answers:

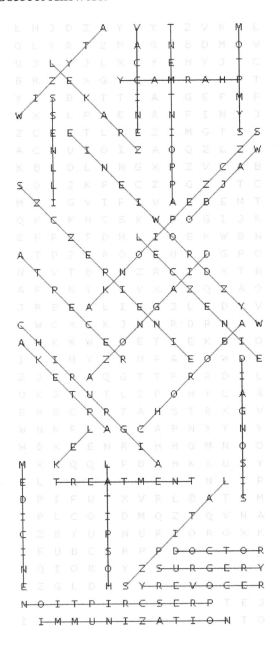

PHARMACY
TREATMENT
DOCTOR
SURGERY
RECOVERY
PRESCRIPTION
IMMUNIZATION

FAMILY & RELATIONSHIPS

-TALKING ABOUT FAMILY MEMBERS & RELATIONSHIPS -
- DISCUSSING PERSONAL LIFE & EXPERIENCES -
- EXPRESSING EMOTIONS & SENTIMENTS -

Family Members and Relationships

694.   He's my younger brother.
To mój młodszy brat.
(To moy mwood-shee brat.)

695.   She's my cousin from my mother's side.
To moja kuzynka ze strony matki.
(To mo-ya koo-zin-ka zeh stroh-nee mat-kee.)

696.   My grandparents have been married for 50 years.
Moi dziadkowie są małżeństwem od 50 lat.
(Moy jad-ko-vye sown ma-wzhehn-stvem od pee-dyeen-dze-at lat.)

697.   We're like sisters from another mister.
Jesteśmy jak siostry z innego ojca.
(Yes-tem-shim yak sios-try z in-ne-go oy-tsa.)

698.   He's my husband's best friend.
To najlepszy przyjaciel mojego męża.
(To naj-lep-shy pshi-ya-tsyel mo-ye-go męża.)

699.   She's my niece on my father's side.
To moja bratanica ze strony ojca.
(To mo-ya bra-ta-nee-tsa zeh stroh-nee oy-tsa.)

700.   They are my in-laws.
To moi teściowie.
(To moy teh-schio-vye.)

> **Fun Fact:** The Polish horse breed "Arabian" has significantly influenced global horse breeding.

701. Our family is quite close-knit.
Nasza rodzina jest bardzo zżyta.
(*Nasha roh-dzee-na yest bar-dzo zhhi-ta.*)

702. He's my adopted son.
To mój syn adopcyjny.
(*To moy syn ad-op-tsij-ny.*)

703. She's my half-sister.
To moja przyrodnia siostra.
(*To mo-ya pshi-rodnia sios-tra.*)

> **Travel Story:** In the historic castle of Malbork, a historian whispered, "Echo przeszłości mówi do nas," which means "The echo of the past speaks to us."

704. My parents are divorced.
Moi rodzice są rozwiedzeni.
(*Moy roh-dzi-tse sown roz-vyed-ze-nee.*)

705. He's my fiancé.
To mój narzeczony.
(*To moy nar-ze-cho-ny.*)

706. She's my daughter-in-law.
To moja synowa.
(*To mo-ya si-no-va.*)

> **Idiomatic Expression:** "Drzeć z kimś koty." - Meaning: "To have an argument with someone." (Literal translation: "To tear cats with someone.")

707. We're childhood friends.
Jesteśmy przyjaciółmi z dzieciństwa.
(*Yes-tem-shim pshi-ya-tsoow-mee z jyen-chins-tva.*)

708. My twin brother and I are very close.
Ja i mój brat bliźniak jesteśmy bardzo bliscy.
(*Ya ee moy brat bleez-nyak yes-tem-shim bar-dzo blees-kee.*)

709. He's my godfather.
On jest moim chrzestnym.
(*On yest mo-eem khzhest-nim.*)

> **Fun Fact:** The Jasna Góra Monastery in Częstochowa is a major pilgrimage site in Poland.

710. She's my stepsister.
Ona jest moją przyrodnią siostrą.
(*O-na yest mo-yaw pshi-rodn-yaw sios-traw.*)

711. My aunt is a world traveler.
Moja ciocia jest podróżniczką świata.
(*Moya tcho-tchia yest pod-roozh-nich-kaw shvyah-ta.*)

712. We're distant relatives.
Jesteśmy dalekimi krewnymi.
(*Yes-tem-shim dah-le-kee-mee krev-nim-ee.*)

713. He's my brother-in-law.
On jest moim szwagrem.
(*On yest mo-eem shvah-grem.*)

714. She's my ex-girlfriend.
Ona jest moją byłą dziewczyną.
(*O-na yest mo-yaw bu-waw jen-chin-aw.*)

Personal Life and Experiences

715. I've traveled to over 20 countries.
Podróżowałem do ponad 20 krajów.
(Po-dro-zho-vaw-wem doh po-nad dvye-dzees-yat kra-yoov.)

716. She's an avid hiker and backpacker.
Ona jest zapaloną turystką i plecakowiczką.
(O-na yest za-pa-lo-naw too-ryst-kaw ee ple-tsa-ko-veech-kaw.)

717. I enjoy cooking and trying new recipes.
Lubię gotować i próbować nowe przepisy.
(Loo-byeh go-to-vatch ee pro-bo-vatch no-veh psh-eh-pis-ee.)

718. He's a professional photographer.
On jest profesjonalnym fotografem.
(On yest pro-fes-yo-nal-nim fo-to-grah-fem.)

719. I'm passionate about environmental conservation.
Jestem pasjonatem ochrony środowiska.
(Yes-tem pas-yo-na-tem oh-hro-ni shro-do-vis-ka.)

720. She's a proud dog owner.
Ona jest dumna z posiadania psa.
(O-na yest doom-na z po-sya-da-nee-a psa.)

721. I love attending live music concerts.
Uwielbiam uczęszczać na koncerty muzyki na żywo.
(Oo-vyel-byam oo-chen-shchats na kon-tser-ti moo-zy-kee na zhi-vo.)

722. He's an entrepreneur running his own business.
On jest przedsiębiorcą prowadzącym własną działalność.
(*On yest psheh-dsyem-byor-tsom pro-vah-john-sim vwas-naw jah-wal-nosh-ch.*)

723. I've completed a marathon.
Ukończyłem maraton.
(*Oo-kon-chi-wem ma-ra-ton.*)

724. She's a dedicated volunteer at a local shelter.
Ona jest oddaną wolontariuszką w lokalnym schronisku.
(*O-na yest od-dan-aw vo-lon-ta-ryush-kaw v lo-kal-nym shron-ees-koo.*)

725. I'm a history buff.
Jestem miłośnikiem historii.
(*Yes-tem mee-wo-shnee-kyem his-to-rii.*)

726. He's a bookworm and a literature lover.
On jest molem książkowym i miłośnikiem literatury.
(*On yest mo-lem kshi-ong-kov-im ee mee-wo-shnee-kyem lee-ter-ah-too-ri.*)

727. I've recently taken up painting.
Ostatnio zająłem się malarstwem.
(*Os-tat-nyo zon-jow-em shyeh ma-lar-stvem.*)

728. She's a film enthusiast.
Ona jest entuzjastką filmów.
(*O-na yest en-too-zias-tkaw fee-moov.*)

729. I enjoy gardening in my free time.
Lubię zajmować się ogrodnictwem w wolnym czasie.
(*Loo-byeh zai-mo-vach shyeh og-rod-neech-tvem v vol-nim chah-syeh.*)

730. He's an astronomy enthusiast.
      On jest entuzjastą astronomii.
      (*On yest en-too-zias-tom as-tro-no-mii.*)

731. I've skydived twice.
      Skakałem ze spadochronem dwa razy.
      (*Skah-kow-wem zeh spah-do-hro-nem dva ra-zi.*)

732. She's a fitness trainer.
      Ona jest trenerką fitness.
      (*O-na yest tren-erkaw fee-tnes.*)

733. I love collecting vintage records.
      Uwielbiam zbierać winyle.
      (*Oo-vyel-byam zbyer-ach vin-y-leh.*)

734. He's an experienced scuba diver.
      On jest doświadczonym nurem.
      (*On yest do-shviad-cho-nim noo-rem.*)

735. I'm a proud parent of three children.
      Jestem dumny/dumną z trójki dzieci.
      (*Yes-tem doom-ni/doom-now z troy-ki dzyet-si.*)

> **Fun Fact:** Poland's traditional dish "bigos" is a hearty stew made of sauerkraut, meat, and mushrooms.

Expressing Emotions and Sentiments

736. I feel overjoyed on my birthday.
      Czuję ogromną radość w moje urodziny.
      (*Choo-yeh og-rom-naw ra-doshch f moy-eh oo-ro-dzi-ni.*)

737. She's going through a tough time right now.
Ona przechodzi teraz przez trudny okres.
(*O-na pshy-ho-djee te-raz pshes trud-ny ok-res.*)

738. I'm thrilled about my upcoming vacation.
Jestem podekscytowany nadchodzącymi wakacjami.
(*Yes-tem po-dek-sci-to-vah-ni nad-ho-dzaw-mi va-ka-cya-mi.*)

739. He's heartbroken after the breakup.
On jest załamany po rozstaniu.
(*On yest za-wah-ma-ni po roz-sta-niu.*)

> **Idiomatic Expression:** "Grzebać w nosie." -
> Meaning: "To pick one's nose."
> (Literal translation: "To dig in the nose.")

740. I'm absolutely ecstatic about the news.
Jestem absolutnie zachwycony tą wiadomością.
(*Yes-tem ab-so-lut-nie za-hvi-co-ni tom vya-do-mo-sh-chom.*)

741. She's feeling anxious before the big presentation.
Ona czuje się niespokojna przed dużą prezentacją.
(*O-na ch-u-ye shyeh nye-spokoyna pshed du-zhom pre-zen-tach-om.*)

742. I'm proud of my team's achievements.
Jestem dumny z osiągnięć mojego zespołu.
(*Yes-tem doom-ni z o-syon-gnyench mo-ye-go zes-po-wu.*)

743. He's devastated by the loss.
On jest zdruzgotany stratą.
(*On yest zdruzh-go-ta-ni stra-tom.*)

744. I'm grateful for the support I received.
Jestem wdzięczny za wsparcie, które otrzymałem.
(*Yes-tem vdzi-ench-ni za wspar-tie, kto-reh ot-rzy-mow-lem.*)

745. She's experiencing a mix of emotions.
Ona doświadcza mieszanki emocji.
(*O-na do-shvyad-cha me-shan-ki em-ots-yee.*)

746. I'm content with where I am in life.
Jestem zadowolony z miejsca, w którym jestem w życiu.
(*Yes-tem za-do-vo-lo-ni z m-yesta, v kto-rim yes-tem v zhi-chyoo.*)

747. He's overwhelmed by the workload.
On jest przytłoczony obciążeniem pracą.
(*On yest pzhi-twotch-o-ni ob-chyen-zhe-nem prach-om.*)

748. I'm in awe of the natural beauty here.
Jestem zachwycony naturalnym pięknem tego miejsca.
(*Yes-tem za-hvi-co-ni na-tu-ral-nim pyen-knem te-go m-yesta.*)

> **Language Learning Tip:** Practice Thinking in Polish - Challenge yourself to think in simple Polish sentences.

749. She's relieved the exams are finally over.
Ona jest ulgę po tym, jak egzaminy wreszcie się skończyły.
(*O-na yest ul-ge po tym, yak eg-za-mi-ni vresh-tsye shye skon-chi-wi.*)

750. I'm excited about the new job opportunity.
Jestem podekscytowany nową możliwością pracy.
(*Yes-tem po-dek-sci-to-vah-ni no-vom moz-li-vo-sh-chom pra-ci.*)

Travel Story: On the peaceful shores of Lake Rożnów, a fisherman remarked, "Woda daje spokój," which means "Water brings peace."

751. I'm nostalgic about my childhood.
Tęsknię za moim dzieciństwem.
(Ten-sknee-eh za mo-im jen-chins-tvem.)

752. She's confused about her future.
Ona jest zdezorientowana co do swojej przyszłości.
(O-na yest zdeh-zor-yen-to-vah-nah tso do s-vo-yey pshih-shwo-sch-chi.)

753. I'm touched by the kindness of strangers.
Jestem wzruszony uprzejmością nieznajomych.
(Yes-tem vzroo-sho-ni up-ray-moh-sh-chom nyeh-znah-yo-mih.)

754. He's envious of his friend's success.
On jest zazdrosny o sukces swojego przyjaciela.
(On yest zaz-dros-ni o sook-cess s-vo-ye-go pshih-yah-tsyeh-la.)

755. I'm hopeful for a better tomorrow.
Mam nadzieję na lepsze jutro.
(Mam nah-jeh-yeh na lep-she yoo-tro.)

"Jak kamień w wodę."
"Like a stone into water."
Something that disappears without a trace.

Interactive Challenge: Family & Relationships
(Link each English word with their corresponding meaning in Polish)

1) Family	Rodzice
2) Parents	Małżeństwo
3) Siblings	Dzieci
4) Children	Rozwód
5) Grandparents	Rodzeństwo
6) Spouse	Krewni
7) Marriage	Rodzina
8) Love	Adopcja
9) Friendship	Miłość
10) Relatives	Małżonek/Małżonka
11) In-laws	Przyjaźń
12) Divorce	Dziadkowie
13) Adoption	Siostrzenica
14) Cousins	Teściowie
15) Niece	Kuzyni

Correct Answers:

1. Family - Rodzina
2. Parents - Rodzice
3. Siblings - Rodzeństwo
4. Children - Dzieci
5. Grandparents - Dziadkowie
6. Spouse - Małżonek/Małżonka
7. Marriage - Małżeństwo
8. Love - Miłość
9. Friendship - Przyjaźń
10. Relatives - Krewni
11. In-laws - Teściowie
12. Divorce - Rozwód
13. Adoption - Adopcja
14. Cousins - Kuzyni
15. Niece - Siostrzenica

TECHNOLOGY & COMMUNICATION

- USING TECHNOLOGY-RELATED PHRASES -
- INTERNET ACCESS AND COMMUNICATION TOOLS -
- TROUBLESHOOTING TECHNICAL ISSUES -

Using Technology

756. I use my smartphone for various tasks.
Używam smartfona do różnych zadań.
(Oo-jam smarf-toh-na do rozh-nih zah-dan.)

757. The computer is an essential tool in my work.
Komputer jest niezbędnym narzędziem w mojej pracy.
(Kom-poo-ter yest nyehz-ben-nim nar-zeh-dzyem v mo-yey pra-cy.)

758. I'm learning how to code and develop software.
Uczę się programowania i tworzenia oprogramowania.
(Oo-chen shen pro-gram-o-van-ya ee tvor-zen-ya opro-gram-o-van-ya.)

759. My tablet helps me stay organized.
Mój tablet pomaga mi się organizować.
(Moy tablet po-ma-ga mee shen or-gan-i-zo-vatch.)

760. I enjoy exploring new apps and software.
Lubię odkrywać nowe aplikacje i oprogramowanie.
(Loo-byen od-kri-vatch no-veh ap-li-kah-tshe ee opro-gram-o-van-ye.)

Fun Fact: The popular video game "The Witcher" was developed by a Polish company, CD Projekt.

761. Smartwatches are becoming more popular.
Smartwatche stają się coraz bardziej popularne.
(Smart-vah-cheh stan-yah shen cor-az bar-dzyey pop-u-lar-neh.)

762.	Virtual reality technology is fascinating.
	Technologia wirtualnej rzeczywistości jest fascynująca.
	(*Tech-no-lo-gya vir-too-al-neyj zhe-chi-vi-sto-sci yest fah-shy-noo-yon-tsa.*)

763.	Artificial intelligence is changing industries.
	Sztuczna inteligencja zmienia branże.
	(*Shtooch-na in-tel-i-gen-tsyah zmien-ya bran-zhe.*)

764.	I like to customize my gadgets.
	Lubię dostosowywać moje gadżety.
	(*Loo-byen dos-to-so-vi-vatch mo-yeh gadzheh-ty.*)

765.	E-books have replaced physical books for me.
	E-książki zastąpiły dla mnie tradycyjne książki.
	(*E-ksionzh-ki zas-tom-pi-wi dlah mnyeh tra-dy-tsyon-neh ksionzh-ki.*)

766.	Social media platforms connect people worldwide.
	Platformy mediów społecznościowych łączą ludzi na całym świecie.
	(*Plat-for-my me-dyoov spoh-lech-nos-chow-vih wanch lud-zee na tsa-wim shvep-cheh.*)

767.	I'm a fan of wearable technology.
	Jestem fanem technologii noszalnej.
	(*Yes-tem fan-em tek-no-lo-gii no-shal-ney.*)

768.	The latest gadgets always catch my eye.
	Najnowsze gadżety zawsze przyciągają moją uwagę.
	(*Nigh-nov-sheh gadzheh-ty zav-sheh przi-cho-gion-gom mo-yom oo-vah-gem.*)

769. My digital camera captures high-quality photos.
Mój cyfrowy aparat fotograficzny robi zdjęcia wysokiej jakości.
(Moy tsi-fro-vi ah-pa-rat fo-to-grah-fich-ni roh-bee zjen-chah vee-so-ke-y yak-oh-sci.)

770. Home automation simplifies daily tasks.
Automatyzacja domu upraszcza codzienne zadania.
(Au-to-ma-ty-za-cja do-moo oo-prash-cha co-dzyen-ne za-da-nya.)

771. I'm into 3D printing as a hobby.
Interesuję się drukiem 3D jako hobby.
(In-te-re-su-yen shen droo-kyem trzy-deh yah-ko hob-i.)

772. Streaming services have revolutionized entertainment.
Usługi streamingowe zrewolucjonizowały rozrywkę.
(Oo-swoo-gi stream-in-go-ve zre-vo-lu-tsyoh-ni-zo-wa-wi ro-zri-vkeh.)

773. The Internet of Things (IoT) is expanding.
Internet Rzeczy (IoT) się rozszerza.
(In-ter-net Zhe-chi (IoT) shen rosh-sher-za.)

774. I'm into gaming, both console and PC.
Interesuję się graniem zarówno na konsoli jak i na PC.
(In-te-re-su-yen shen granyem za-rov-no na kon-so-li yak i na peh-tseh.)

775. Wireless headphones make life more convenient.
Bezprzewodowe słuchawki ułatwiają życie.
(Bez-prze-vo-do-ve swu-hav-ki oo-wach-fee-oyon zhye-tse.)

Fun Fact: Poland has a tradition called "Wet Monday" where people splash water on each other.

776. Cloud storage is essential for my work.
Przechowywanie w chmurze jest niezbędne do mojej pracy.
(Pzhe-ho-vi-van-ye v hmoo-rze yest nyezh-ben-ne do mo-yey pra-cy.)

> **Travel Story:** At a pottery workshop in Bolesławiec, an artisan mentioned, "Ręka artysty w każdym kawałku," which means "The hand of the artist in every piece."

Internet Access and Communication Tools

777. I rely on high-speed internet for work.
Polegam na szybkim internecie do pracy.
(Po-le-gam na shi-b-kim in-ter-ne-tse do pra-cy.)

778. Video conferencing is crucial for remote meetings.
Wideokonferencje są kluczowe dla spotkań zdalnych.
(Vee-de-o-kon-fe-ren-tsye son kloo-tso-ve dla spot-kan zdal-nih.)

779. Social media helps me stay connected with friends.
Media społecznościowe pomagają mi utrzymać kontakt z przyjaciółmi.
(Me-dya spo-lech-nos-chi-o-ve po-ma-gai-yon mee oot-ri-man kontakt z pshi-ya-tsoo-mi.)

780. Email is my primary mode of communication.
Email jest moim głównym środkiem komunikacji.
(E-mail yest moyim gwoo-vnim shrod-kiem ko-mu-ni-kah-tsi.)

781. I use messaging apps to chat with family.
Używam aplikacji do wiadomości, aby rozmawiać z rodziną.
(*Uży-vam ap-li-kach-ji do vy-a-do-mo-sci, a-bi roz-ma-viać z rod-zinom.*)

782. Voice and video calls keep me in touch with loved ones.
Połączenia głosowe i wideo pozwalają mi być w kontakcie z bliskimi.
(*Po-won-cze-nia gwos-o-ve i vi-de-o poz-va-law-yom mi bych w kon-tak-cie z blis-ki-mi.*)

783. Online forums are a great source of information.
Fora internetowe są świetnym źródłem informacji.
(*Fora in-ter-ne-to-ve są śvyet-nym źrów-dłem in-for-mach-ji.*)

784. I trust encrypted messaging services for privacy.
Ufam szyfrowanym usługom do wiadomości dla prywatności.
(*U-fam shi-fro-van-ym oo-sługom do vy-a-do-mo-sci dla pri-vat-no-sci.*)

785. Webinars are a valuable resource for learning.
Webinary to cenna zasób do nauki.
(*Ve-bi-nar-i to tse-nna za-sób do naw-ki.*)

> **Idiomatic Expression:** "Jak dwie krople wody." - Meaning: "As alike as two peas."
> (Literal translation: "Like two drops of water.")

786. VPNs enhance online security and privacy.
VPN-y poprawiają bezpieczeństwo i prywatność w internecie.
(*Vee-Pe-En-i pop-ra-vya-yom bezh-pie-chen-stvo i pri-vat-noshch v in-ter-necie.*)

787. Cloud-based collaboration tools are essential for teamwork.
Narzędzia do współpracy w chmurze są niezbędne do pracy zespołowej.
(Nar-zend-zya do współ-pra-cy v hmoo-rze są nyehz-bend-ne do pra-cy zes-po-ło-vej.)

788. I prefer using a wireless router at home.
Wolę używać routera bezprzewodowego w domu.
(Vo-wen oo-ży-vać roo-te-ra bez-prze-vo-do-ve-go v do-moo.)

789. Online banking simplifies financial transactions.
Bankowość internetowa upraszcza transakcje finansowe.
(Ban-ko-vość in-ter-ne-to-va oo-prash-cha tran-sak-cye fi-nan-so-ve.)

> **Fun Fact:** The "Polish Winged Hussars" are considered one of the most effective cavalry units in history.

790. VoIP services are cost-effective for international calls.
Usługi VoIP są opłacalne dla rozmów międzynarodowych.
(Oo-swoo-gi VoIP są op-wa-cal-ne dla roz-mów myen-dzi-na-ro-do-vih.)

791. I enjoy online shopping for convenience.
Lubię robić zakupy online dla wygody.
(Lu-byen ro-bich za-ku-pi on-line dla vy-go-di.)

792. Social networking sites connect people globally.
Serwisy społecznościowe łączą ludzi na całym świecie.
(Ser-vi-si spo-lech-no-sci-o-ve won-czom loo-dzi na tsa-wim śve-cie.)

793. E-commerce platforms offer a wide variety of products.
Platformy e-commerce oferują szeroki wybór produktów.
(*Plat-for-my e-com-merce ofe-ru-yon shay-ro-ki vy-bur pro-duk-tów.*)

> **Idiomatic Expression:** "Jak śledzia w kanapce." - Meaning: "Very tight (referring to space)."
> (Literal translation: "Like a herring in a sandwich.")

794. Mobile banking apps make managing finances easy.
Aplikacje do bankowości mobilnej ułatwiają zarządzanie finansami.
(*Ap-li-kach-ye do ban-ko-vo-sci mo-bil-ney u-wat-vy-yon zar-zon-dza-nye fi-nan-sa-mi.*)

795. I'm active on professional networking sites.
Jestem aktywny na profesjonalnych portalach networkingowych.
(*Ye-stem ak-tyv-ny na pro-fes-yo-nal-nych por-ta-lach net-wor-king-o-vih.*)

796. Virtual private networks protect my online identity.
Wirtualne sieci prywatne chronią moją tożsamość online.
(*Vir-tu-al-ne sye-tsi pry-vat-ne hro-nyon mo-yon tozh-sa-moshch on-line.*)

797. Instant messaging apps are great for quick chats.
Aplikacje do natychmiastowej wymiany wiadomości są świetne do szybkich rozmów.
(*Ap-li-kach-ye do na-tych-myas-to-vej vy-mia-ny vy-a-do-mo-sci son shvyet-ne do shib-kich roz-mów.*)

> **Cultural Insight:** The Wieliczka Salt Mine, a UNESCO World Heritage site, showcases chapels, statues, and chandeliers carved entirely out of rock salt.

Troubleshooting Technical Issues

798. My computer is running slow; I need to fix it.
Mój komputer działa wolno; muszę go naprawić.
(*Móy kom-pu-ter dzya-won vol-no; moosh-zen go na-pra-vich.*)

799. I'm experiencing network connectivity problems.
Mam problemy z łącznością sieciową.
(*Mam pro-ble-mi z wonch-no-sh-chon sye-chyo-von.*)

800. The printer isn't responding to my print commands.
Drukarka nie reaguje na moje polecenia drukowania.
(*Dru-kar-ka nye rea-goo-ye na mo-ye po-le-chen-ya dru-ko-va-nya.*)

> **Fun Fact:** The world's first written mention of vodka comes from Poland in the 1400s.

801. My smartphone keeps freezing; it's frustrating.
Mój smartphone ciągle się zawiesza; to frustrujące.
(*Móy smart-fon chon-gle sye za-vyesha; to fru-stroo-yon-che.*)

802. The Wi-Fi signal in my house is weak.
Sygnał Wi-Fi w moim domu jest słaby.
(*Syg-nal Wee-Fee v moy-im do-moo yest swa-bi.*)

803. I can't access certain websites; it's a concern.
Nie mogę uzyskać dostępu do niektórych stron internetowych; to niepokojące.
(*Nye mo-gem oo-zis-konch do-sten-poo do nye-kto-rích stron in-ter-ne-to-vih; to nye-po-ko-yon-che.*)

804. My laptop battery drains quickly; I need a solution.
Bateria mojego laptopa szybko się rozładowuje; potrzebuję rozwiązania.
(*Ba-te-rya mo-ye-go la-po-ta shi-bko she roz-wo-do-vu-ye; po-tzre-bu-ye ro-zvyo-za-nya.*)

805. There's a software update available for my device.
Dostępna jest aktualizacja oprogramowania dla mojego urządzenia.
(*Do-stęp-na yest ak-tu-a-li-za-cya o-pro-gram-o-va-nya dla mo-ye-go ur-zon-dze-nya.*)

806. My email account got locked; I need to recover it.
Moje konto e-mail zostało zablokowane; muszę je odzyskać.
(*Mo-ye kon-to e-mail zos-tawo za-blo-ko-va-ne; moosh-ch ye od-zy-skach.*)

> **Fun Fact:** The Polish community celebrates "Dyngus Day" with parades, parties, and polka music.

807. The screen on my tablet is cracked; I'm upset.
Ekran mojego tabletu jest pęknięty; jestem zaniepokojony.
(*Ek-ran mo-ye-go ta-ble-tu yest pęk-nię-ty; ye-stem za-nye-po-ko-yo-ni.*)

808. My webcam isn't working during video calls.
Moja kamera internetowa nie działa podczas wideorozmów.
(*Mo-ya ka-me-ra in-ter-ne-to-va nye dzya-wa pod-chas vy-deo-roz-mów.*)

809. My phone's storage is almost full; I need to clear it.
Pamięć mojego telefonu jest prawie pełna; muszę ją wyczyścić.
(*Pa-myench mo-ye-go te-le-fo-nu yest pra-vye pew-na; moosh-ch yon vych-ish-chich.*)

810. I accidentally deleted important files; I need help.
Przypadkowo usunąłem ważne pliki; potrzebuję pomocy.
(*Pzhi-pad-ko-vo u-su-ną-wem vazh-ne plee-ki; po-tzre-bu-ye po-mo-tsi.*)

> **Fun Fact:** The Polish city of Wrocław was once called "Breslau" when it was part of Germany.

811. My smart home devices are not responding.
Moje urządzenia smart home nie reagują.
(*Mo-ye ur-zon-dze-nya smart home nye rea-goo-yon.*)

812. The GPS on my navigation app is inaccurate.
GPS w mojej aplikacji nawigacyjnej jest nieprecyzyjny.
(*Gee-Pe-Es v mo-yey ap-li-ka-cyi na-vi-ga-cy-yen-ney yest nye-pre-cy-zyi-ni.*)

813. My antivirus software detected a threat; I'm worried.
Mój program antywirusowy wykrył zagrożenie; jestem zaniepokojony.
(*Mój pro-gram an-ti-vi-ru-so-vi vi-criw za-gro-że-nye; ye-stem za-nye-po-ko-yo-ni.*)

814. The touchscreen on my device is unresponsive.
Ekran dotykowy mojego urządzenia nie reaguje.
(*Ek-ran do-ty-ko-vi mo-ye-go ur-zon-dze-nya nye rea-goo-ye.*)

815. My gaming console is displaying error messages.
Moja konsola do gier wyświetla komunikaty błędu.
(*Mo-ya kon-so-la do gyer vi-shvyet-la ko-mu-ni-ka-ti bwę-du.*)

816. I'm locked out of my social media account.
Zostałem wykluczony z mojego konta w mediach społecznościowych.
(*Zos-taw-wem vi-kloo-tsho-ni z mo-ye-go kon-ta v me-dyah spo-łe-ch-nyo-sti-o-vih.*)

817. The sound on my computer is distorted.
Dźwięk w moim komputerze jest zniekształcony.
(*Dż-vy-ek v mo-im kom-pu-ter-ze yest znyek-staw-tso-ny.*)

818. My email attachments won't open; it's frustrating.
Załączniki w moim emailu nie otwierają się; to frustrujące.
(*Za-wonch-nee-ki v mo-im e-ma-ilu nye ot-vye-rah-yon shye; to fru-stroo-yon-che.*)

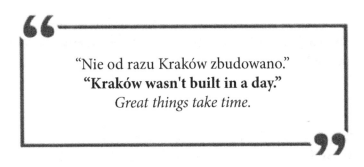

"Nie od razu Kraków zbudowano."
"Kraków wasn't built in a day."
Great things take time.

Cross Word Puzzle: Technology & Communication
(Provide the English translation for the following Polish words)

Down

1. - INTERNET
2. - ROUTER
3. - BATERIA
4. - EKRAN
7. - KOMPUTER
8. - CHMURA
12. - KRYPTOGRAFIA
13. - APLIKACJE

Across

5. - DRUKARKA
6. - SIEĆ
7. - ŁADOWARKA
9. - KAMERA INTERNETOWA
10. - PRZEGLĄDARKA
11. - KLAWIATURA
14. - HASŁO
15. - DANE
16. - WEJŚCIE

Correct Answers:

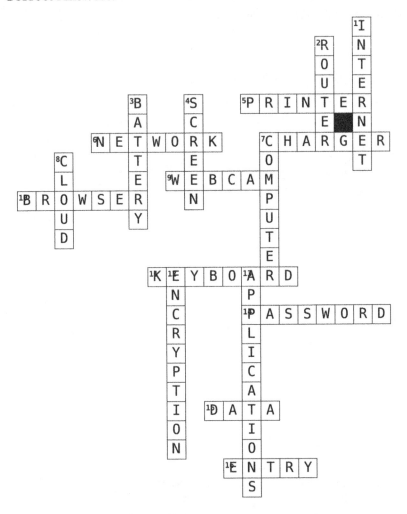

SPORTS & RECREATION

- DISCUSSING SPORTS, GAMES, & OUTDOOR ACTIVITIES -
- PARTICIPATING IN RECREATIONAL ACTIVITIES -
- EXPRESSING ENTHUSUASM OR FRUSTRATION -

Sports, Games, & Outdoor Activities

819. I love playing soccer with my friends.
Uwielbiam grać w piłkę nożną z moimi przyjaciółmi.
*(Uv-yel-byam grać v peeł-ke noż-ną z moy-mee
pshy-ya-tsoo-mee.)*

820. Basketball is a fast-paced and exciting sport.
Koszykówka to szybka i ekscytująca dyscyplina sportu.
*(Kosh-chi-kov-ka to shib-ka ee ek-sci-too-yon-tsah dis-cy-pli-na
sport-oo.)*

821. Let's go for a hike in the mountains this weekend.
W ten weekend wybierzmy się na wędrówkę po górach.
(V ten veek-end vi-byerzh-mi shye na ven-droov-ke po goo-rach.)

822. Playing chess helps improve my strategic thinking.
**Granie w szachy pomaga poprawić moje strategiczne
myślenie.**
*(Gra-nye v zah-hi po-ma-ga po-pra-vić moye stra-te-gicz-ne
myś-le-nye.)*

823. I'm a fan of tennis; it requires a lot of skill.
Jestem fanem tenisa; wymaga to dużej umiejętności.
*(Yes-tem fa-nem te-nee-sa; vy-ma-ga to doo-zhey
oo-myey-ten-no-sci.)*

> **Fun Fact:** Traditional Polish pottery, known as
> Bolesławiec pottery, is famous worldwide.

824. Are you up for a game of volleyball at the beach?
Masz ochotę na mecz siatkówki na plaży?
(Mash o-ho-te na mech syat-kov-ki na pla-zhi?)

825.   Baseball games are a great way to spend the afternoon.
Mecze baseballowe to świetny sposób na spędzenie popołudnia.
(Meh-che base-ball-o-ve to shvye-tni spo-sop na spen-dze-nye po-po-wud-nya.)

826.   Camping in the wilderness is so peaceful.
Biwakowanie na łonie natury jest takie spokojne.
(Bi-vak-o-van-ye na woh-nye na-tu-ri yest ta-kye spo-koyn-ne.)

827.   I enjoy swimming in the local pool.
Lubię pływać w lokalnym basenie.
(Lu-byeh pwi-vahć v lo-kal-nym ba-se-nye.)

828.   Let's organize a game of ultimate frisbee.
Zorganizujmy mecz ultimate frisbee.
(Zor-ga-ni-zuimy mech ul-ti-mate fris-bee.)

829.   I'm learning to play the guitar in my free time.
Uczę się grać na gitarze w wolnym czasie.
(U-che shye grać na gee-ta-rze v vol-nym cha-sye.)

830.   Skiing in the winter is an exhilarating experience.
Narciarstwo zimą to ekscytujące doświadczenie.
(Nar-chyar-stvo zee-mom to ek-sci-too-yon-che do-shvyad-chen-ye.)

831.   Going fishing by the lake is so relaxing.
Łowienie ryb nad jeziorem jest tak relaksujące.
(Wo-vyen-ye rib nad ye-zyo-rem yest tak re-lak-suyon-che.)

832.   We should have a board game night with friends.
Powinniśmy zorganizować wieczór gier planszowych z przyjaciółmi.
(Po-vin-ni-shim zor-ga-ni-zo-vach vyeh-choor gyer plan-sho-vih z pshy-ya-tsoo-mee.)

833. Martial arts training keeps me fit and disciplined.
Trening sztuk walki utrzymuje mnie w formie i dyscyplinie.
(*Tren-ing shtook val-kee oo-trzym-oo-ye mnye v for-mye i dis-cy-pli-nye.*)

834. I'm a member of a local running club.
Jestem członkiem lokalnego klubu biegowego.
(*Yes-tem chłon-kyem lo-kal-neh-go kloo-boo byeh-go-veh-go.*)

835. Playing golf is a great way to unwind.
Granie w golfa to świetny sposób na relaks.
(*Gra-nye v gol-fa to shvye-tny spo-sób na re-laks.*)

> **Idiomatic Expression:** "Jak kania dżdżu." -
> Meaning: "Eagerly, with pleasure."
> (Literal translation: "Like a kite to rain.")

836. Yoga classes help me stay flexible and calm.
Zajęcia jogi pomagają mi zachować elastyczność i spokój.
(*Za-yen-tsia yo-gi po-ma-ga-yoo mee za-ho-vach e-las-tych-ność i spo-kuy.*)

837. I can't wait to go snowboarding this season.
Nie mogę się doczekać snowboardingu w tym sezonie.
(*Nyeh mo-gę shye do-che-kać sno-vo-bor-din-goo v tim se-zo-nye.*)

838. Going kayaking down the river is an adventure.
Spływ kajakowy rzeką to przygoda.
(*Spwif ka-ya-ko-vy zhe-kom to pzhig-o-da.*)

839. Let's organize a picnic in the park.
Zorganizujmy piknik w parku.
(*Zor-ga-ni-zooimy pik-nik v par-koo.*)

Participating in Recreational Activities

840. I enjoy painting landscapes as a hobby.
      Malowanie krajobrazów to moje hobby.
      (Ma-lo-va-nye kra-yob-ra-zov to mo-yeh hob-by.)

841. Gardening is a therapeutic way to spend my weekends.
      Ogrodnictwo to terapeutyczny sposób spędzania weekendów.
      (O-grod-nic-two to te-ra-pee-oo-tych-ny spo-sób spen-dza-nya vy-ken-dov.)

842. Playing the piano is my favorite pastime.
      Granie na pianinie to moje ulubione zajęcie.
      (Gra-nye na pya-ni-nye to mo-yeh oo-loo-byo-neh za-yen-tsye.)

843. Reading books helps me escape into different worlds.
      Czytanie książek pomaga mi uciec w inne światy.
      (Chy-ta-nye ksha-jon-ek po-ma-ga mee oo-tyech v in-ne shvyah-ty.)

844. I'm a regular at the local dance classes.
      Regularnie uczęszczam na lokalne zajęcia taneczne.
      (Re-gu-lar-nye oo-chesh-cham na lo-kal-ne za-yen-tsya ta-nets-ne.)

> **Fun Fact:** Poland has the world's 5th longest coastline on the Baltic Sea.

845. Woodworking is a skill I've been honing.
      Stolarstwo to umiejętność, którą doskonalę.
      (Sto-lar-stvo to oo-myey-ten-nosć, ktur-om dos-ko-nawem.)

846.	I find solace in birdwatching at the nature reserve.
	Znajduję pocieszenie w obserwowaniu ptaków na rezerwacie przyrody.
	(*Znai-du-yę po-cie-sze-nie v ob-ser-vo-va-niu pta-ków na re-zer-va-cie pzy-ro-dy.*)

847.	Meditation and mindfulness keep me centered.
	Medytacja i uważność pomagają mi zachować równowagę.
	(*Me-dy-ta-cja i u-waż-ność po-ma-ga-yoo mi za-ho-vać rów-no-wa-gę.*)

848.	I've taken up photography to capture moments.
	Zająłem się fotografią, aby uchwycić chwile.
	(*Za-yon-tłem shyę fo-to-gra-fią, a-by oo-hvy-chić hvi-le.*)

849.	Going to the gym is part of my daily routine.
	Chodzenie na siłownię jest częścią mojej codziennej rutyny.
	(*Ho-dze-nie na si-ło-wnię yest chę-ścią mo-yey cod-zien-ney roo-ti-ny.*)

850.	Cooking new recipes is a creative outlet for me.
	Gotowanie nowych przepisów jest dla mnie twórczym ujściem.
	(*Go-to-va-nie no-vyh psh-e-pi-sov yest dla m-nie tvur-chym ooy-sh-chem.*)

851.	Building model airplanes is a fascinating hobby.
	Budowanie modeli samolotów to fascynujące hobby.
	(*Bu-do-va-nie mo-de-li sa-mo-lo-tov to fas-cy-nu-yon-tse hob-by.*)

852.	I love attending art exhibitions and galleries.
	Uwielbiam uczestniczyć w wystawach sztuki i galeriach.
	(*U-vyel-byam oo-ches-tni-chyć v vys-ta-vah sh-too-kee i ga-le-ry-ach.*)

853. Collecting rare stamps has been a lifelong passion.
Kolekcjonowanie rzadkich znaczków jest pasją całego życia.
(Ko-lek-cjo-no-va-nie rzad-kich zna-chków yest pa-syą tsa-łe-go ży-tsi-a.)

854. I'm part of a community theater group.
Jestem częścią grupy teatralnej społeczności.
(Yes-tem chę-ścią groo-py tea-tral-ney spół-ecz-no-sci.)

855. Birdwatching helps me connect with nature.
Obserwowanie ptaków pomaga mi nawiązać kontakt z naturą.
(Ob-ser-vo-va-nie pta-ków po-ma-ga mi na-vyon-zach kon-takt z na-tu-rą.)

856. I'm an avid cyclist and explore new trails.
Jestem zapalonym rowerzystą i odkrywam nowe szlaki.
(Yes-tem za-pa-lo-nym ro-ver-zystą i od-kry-vam no-ve shla-kee.)

857. Pottery classes allow me to express myself.
Lekcje ceramiki pozwalają mi się wyrazić.
(Lek-cye ce-ra-mi-ki poz-va-lyom mi shyę vyr-rzić.)

858. Playing board games with family is a tradition.
Granie w gry planszowe z rodziną to tradycja.
(Gra-nie v gri plan-sho-ve z rod-zi-ną to tra-dyc-ya.)

859. I'm practicing mindfulness through meditation.
Ćwiczę uważność poprzez medytację.
(Ćvi-chę u-vaż-ność pop-shez me-dy-ta-cyę.)

860.　I enjoy long walks in the park with my dog.
Lubię długie spacery po parku z moim psem.
(*Loo-bye doo-gie spa-ce-ry po par-koo z mo-im psem.*)

> **Travel Story:** At the Tricity of Gdańsk, Gdynia, and Sopot, an old man mused, "Morze kryje wiele tajemnic," translating to "The sea hides many secrets."

Expressing Enthusiasm or Frustration

861.　I'm thrilled we won the championship!
Jestem zachwycony, że wygraliśmy mistrzostwa!
(*Ye-stem za-hwy-co-ny, że vy-gra-lysh-my mis-trzos-tva!*)

862.　Scoring that goal felt amazing.
Strzelenie tej bramki było niesamowite.
(*Strze-le-nie tej bram-kee by-wo nye-sa-mo-vi-te.*)

863.　It's so frustrating when we lose a game.
To tak frustrujące, gdy przegrywamy mecz.
(*To tak frus-tru-yon-ce, gdy prze-gry-va-my mech.*)

864.　I can't wait to play again next week.
Nie mogę się doczekać, aby znowu zagrać w przyszłym tygodniu.
(*Nye mo-ge shye do-che-kać, aby zno-voo za-grać v pshy-shwim ty-go-dnyoo.*)

> **Fun Fact:** The Polish dessert "pączki" are doughnuts filled with rose jam or other fillings, traditionally eaten on Fat Thursday.

865. Our team's performance was outstanding.
Występ naszej drużyny był wyjątkowy.
(*Vys-tyęp nas-zey droo-zhi-ny byw vy-yon-tko-vy.*)

866. We need to practice more; we keep losing.
Musimy więcej ćwiczyć; ciągle przegrywamy.
(*Mu-shi-my vye-n-shy tchvi-chyć; cią-gle prze-gry-va-my.*)

867. I'm over the moon about our victory!
Jestem w siódmym niebie z powodu naszego zwycięstwa!
(*Ye-stem v syód-mym nye-bye z po-vo-doo nas-ze-go zvy-cies-tva!*)

> **Language Learning Tip:** Celebrate Small Wins - Reward yourself for milestones like mastering a difficult grammar concept.

868. I'm an avid cyclist and explore new trails.
Jestem zapalonym rowerzystą i odkrywam nowe szlaki.
(*Yes-tem za-pa-lo-nym ro-ver-zystą i od-kry-vam no-ve shla-kee.*)

869. The referee's decision was unfair.
Decyzja sędziego była niesprawiedliwa.
(*De-cy-zya sę-dzie-go by-wa nye-sprav-yed-li-va.*)

870. We've been on a winning streak lately.
Ostatnio mamy passę zwycięstw.
(*Os-tat-nyo ma-my pa-sse zvy-cies-tv.*)

871. I'm disappointed in our team's performance.
Jestem rozczarowany występem naszej drużyny.
(*Ye-stem roz-cha-ro-va-ny vys-tye-pem nas-zey droo-zhi-ny.*)

872. The adrenaline rush during the race was incredible.
Adrenalina podczas wyścigu była niesamowita.
(Ad-re-na-li-na pod-chas vish-chi-goo by-wa nye-sa-mo-vi-ta.)

873. We need to step up our game to compete.
Musimy podnieść poziom naszej gry, żeby konkurować.
(Mu-shi-my pod-nyeść po-ziom nas-zey gry, że-by kon-ku-ro-wać.)

> **Idiomatic Expression:** "Mieć muchy w głowie." -
> Meaning: "To be scatterbrained."
> (Literal translation: "To have flies in the head.")

874. Winning the tournament was a dream come true.
Wygranie turnieju było spełnieniem marzeń.
(Vy-gra-nie tur-nye-yoo by-wo spe-łnie-niem ma-rzeń.)

875. I was so close to scoring a goal.
Byłem tak blisko zdobycia gola.
(By-wem tak blee-sko zdo-by-chya go-la.)

876. We should celebrate our recent win.
Powinniśmy świętować nasze ostatnie zwycięstwo.
(Po-vin-nysh-my śvyen-to-wać nas-ze os-tat-nye zvy-cię-stwo.)

877. Losing by a narrow margin is frustrating.
Przegrana minimalną różnicą jest frustrująca.
(Pzhe-gra-na mi-ni-mal-ną roż-ni-cą yest frus-tru-yon-cza.)

878. Let's train harder to improve our skills.
Trenujmy ciężej, aby poprawić nasze umiejętności.
(Tre-nuy-my cye-zhej, a-by po-pra-vić nas-ze u-mie-jęt-ności.)

879. The match was intense from start to finish.
Mecz był intensywny od początku do końca.
(*Mech byw in-ten-syv-ny od po-chąt-ku do kon-tsa.*)

880. I'm proud of our team's sportsmanship.
Jestem dumny z fair play naszej drużyny.
(*Ye-stem doo-mny z fair play nas-zey droo-zhi-ny.*)

881. We've faced tough competition this season.
W tym sezonie mieliśmy do czynienia z twardą konkurencją.
(*V tym se-zo-nye mye-lysh-my do chy-ne-nia z tvar-dą
kon-ku-ren-cyą.*)

882. I'm determined to give it my all in the next game.
**Jestem zdecydowany dać z siebie wszystko w następnym
meczu.**
(*Ye-stem zde-cy-do-va-ny dać z sye-bye vshyst-ko v nas-tęp-nym
mech-u.*)

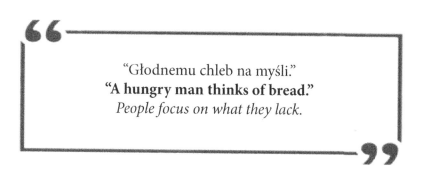

"Głodnemu chleb na myśli."
"A hungry man thinks of bread."
People focus on what they lack.

Mini Lesson:
Basic Grammar Principles in Polish #3

Introduction:

Welcome to the third installment of our basic Polish grammar principles series. As you continue your journey into Polish language acquisition, grasping these grammar concepts will enhance your communication skills and deepen your understanding of the language's structure.

1. Adverbs:

Polish adverbs, similar to their English counterparts, modify verbs, adjectives, or other adverbs, providing more information on the action or state. Some common Polish adverbs include:

- *Szybko (quickly)*
- *Wolno (slowly)*
- *Często (often)*
- *Dobrze (well)*

2. Comparative and Superlative Forms:

In Polish, comparatives are often formed by adding "-szy" or "-iej" to adjectives, and superlatives by prefixing the comparative with "naj-". Here are some examples:

- *Jan jest wyższy niż Anna. (John is taller than Anna.)*
- *Ciasto jest mniej słodkie niż lody. (The cake is less sweet than the ice cream.)*
- *To jest najciekawsza książka. (This is the most interesting book.)*

3. The Imperative Mood:

The imperative mood in Polish is used for giving orders, making requests, or offering invitations, just like in English. There is a distinction between singular and plural forms, as well as informal and formal:

- *Chodź tutaj! (Come here! - singular informal)*
- *Proszę mówić wolniej. (Please speak more slowly. - formal)*

4. Modal Verbs:

Polish modal verbs express ability, permission, or obligation. They are often used in combination with another verb in the infinitive form. The key Polish modals include "musieć" (must), "móc" (can), and "chcieć" (want). Examples:

- *Muszę iść. (I must go.)*
- *Możesz mi pomóc? (Can you help me?)*

5. The Subjunctive Mood:

The subjunctive mood (tryb przypuszczający) in Polish is used less frequently than in many other languages and mostly in formal writing or set phrases. It often reflects wishes, doubts, or hypothetical situations.

- *Mam nadzieję, że przyjdziesz. (I hope that you will come.)*
- *Nie sądzę, aby to było prawdziwe. (I don't think that is true.)*

Conclusion:

As you familiarize yourself with these more advanced grammar topics, you will find yourself becoming more comfortable with the Polish language. Remember, practice is key, and with time, these rules will become second nature. Powodzenia! (Good luck!)

TRANSPORT & DIRECTIONS

- ASKING FOR AND GIVING DIRECTIONS -
- USING TRANSPORTATION-RELATED PHRASES -

Asking for and Giving Directions

883. Can you tell me how to get to the nearest subway station?
Czy może mi Pan/Pani wskazać drogę do najbliższej stacji metra?
(Chy mo-że mi pan/pani vskazać dro-gę do nayb-leeż-shey stah-cyi me-tra?)

884. Excuse me, where's the bus stop for Route 25?
Przepraszam, gdzie jest przystanek autobusowy na linię 25?
(Pzhe-pra-sham, gd-yeh yest pshy-sta-nek na li-nyeh dvah-dzhe-sh-chya pyench?)

885. Could you give me directions to the city center?
Czy mógłby mi Pan/Pani wskazać jak dojść do centrum miasta?
(Chy mógł-by mi pan/pani vskazać yak doyść do cen-trum mya-sta?)

886. I'm looking for a good place to eat around here. Any recommendations?
Szukam dobrego miejsca do jedzenia w okolicy. Ma Pan/Pani jakieś polecenia?
(Shoo-kam do-brego mye-sca do ye-ze-nya vo ko-ly-tsy. Ma pan/ pani ya-kyeś po-le-tse-nya?)

887. Which way is the nearest pharmacy?
Którędy znajdę najbliższą aptekę?
(Któ-rę-dy znyay-dę nayb-leeż-szą ap-te-kę?)

888. How do I get to the airport from here?
Jak stąd dojechać na lotnisko?
(Yak stond do-ye-hać na lot-nee-sko?)

889. Can you point me to the nearest ATM?
Czy może mi Pan/Pani pokazać, gdzie jest najbliższy bankomat?
(*Chy mo-że mi pan/pani po-ka-zać, gd-ye yest nayb-leeż-shy ban-ko-mat?*)

890. I'm lost. Can you help me find my way back to the hotel?
Zgubiłem się. Czy może mi Pan/Pani pomóc odnaleźć drogę powrotną do hotelu?
(*Zgu-by-wem sye. Chy mo-że mi pan/pani po-móc od-na-leźć dro-gę po-vrot-ną do ho-te-lu?*)

891. Where's the closest gas station?
Gdzie znajdę najbliższą stację benzynową?
(*Gd-ye znyay-dę nayb-leeż-szą sta-cyę ben-zy-no-vą?*)

892. Is there a map of the city available?
Czy jest dostępna mapa miasta?
(*Chy yest do-stęp-na ma-pa mya-sta?*)

893. How far is it to the train station from here?
Jak daleko stąd jest do stacji kolejowej?
(*Yak da-le-ko stond yest do stah-cyi ko-le-yo-vey?*)

894. Which exit should I take to reach the shopping mall?
Które wyjście powinienem wybrać, aby dostać się do centrum handlowego?
(*Któ-re vy-yś-cie po-vi-nye-nem vyi-brać, a-by do-stać sye do cen-trum hand-lo-ve-go?*)

895. Where can I find a taxi stand around here?
Gdzie mogę znaleźć postój taksówek w okolicy?
(*Gd-ye mo-gę zna-leźć po-stój tak-só-vek vo ko-ly-tsy?*)

896. Can you direct me to the main tourist attractions?
Czy może Pan/Pani wskazać drogę do głównych atrakcji turystycznych?
(Czy mo-zhe pan/pani fska-zać dro-gę do głuwn-ych a-trak-cyi too-rysty-ch-nich?)

> **Fun Fact:** Żubrówka is a unique Polish vodka that contains a blade of bison grass.

897. I need to go to the hospital. Can you provide directions?
Muszę udać się do szpitala. Czy może Pan/Pani wskazać drogę?
(Moosh-eh oo-dach się do shpi-ta-la. Czy mo-zhe pan/pani fska-zać dro-gę?)

898. Is there a park nearby where I can go for a walk?
Czy jest w pobliżu park, gdzie mogę pójść na spacer?
(Czy yest v pob-li-zhu park, gd-ye mo-gę poyść na spa-cer?)

899. Which street should I take to reach the museum?
Którą ulicą powinienem/powinnam iść, żeby dotrzeć do muzeum?
(Któ-rą u-lee-tsą po-vi-nyen-em/po-vin-nam iść, żeby do-trzeć do mu-ze-um?)

900. How do I get to the concert venue?
Jak mogę dostać się do miejsca koncertu?
(Yak mo-gę do-stać się do myeys-ka kon-cer-tu?)

901. Can you guide me to the nearest public restroom?
Czy może Pan/Pani pokazać mi drogę do najbliższej toalety publicznej?
(Czy mo-zhe pan/pani po-ka-zać mi dro-gę do nay-bliż-shey twa-lety pub-lee-ch-ney?)

902. Where's the best place to catch a cab in this area?
Gdzie jest najlepsze miejsce, aby złapać taksówkę w tej okolicy?
(*Gd-ye yest nay-lep-she myeys-ce, a-by złap-ać tak-sów-kę v tey o-ko-li-cy?*)

Buying Tickets

903. I'd like to buy a one-way ticket to downtown, please.
Chciałbym/Chciałabym kupić bilet w jedną stronę do centrum, proszę.
(*Hchyał-bym/Hchyała-bym koo-pić bi-let v yed-ną stro-ne do tsen-trum, pro-she.*)

904. How much is a round-trip ticket to the airport?
Ile kosztuje bilet tam i z powrotem na lotnisko?
(*I-le kosz-too-ye bi-let tam ee z po-vro-tem na lot-nis-ko?*)

905. Do you accept credit cards for ticket purchases?
Czy akceptują Państwo karty kredytowe przy zakupie biletów?
(*Czy ak-tsep-too-yą pą-stvo kar-ty kredy-towe pshy za-ku-pie bi-le-tów?*)

906. Can I get a student discount on this train ticket?
Czy mogę otrzymać zniżkę studencką na ten bilet kolejowy?
(*Czy mo-gę o-trzym-ać zneeż-kę stu-den-cką na ten bi-let ko-le-yo-vy?*)

907. Is there a family pass available for the bus?
Czy jest dostępny bilet rodzinny na autobus?
(*Czy yest do-stęp-ny bi-let rod-zin-ny na au-to-bus?*)

908. What's the fare for a child on the subway?
Ile kosztuje bilet dla dziecka na metro?
(I-le kosz-too-ye bi-let dla dzye-tska na me-tro?)

909. Are there any senior citizen discounts for tram tickets?
Czy są jakieś zniżki dla seniorów na bilety tramwajowe?
(Czy są ya-ki-eś zneeż-ki dla se-nio-rów na bi-le-ty tram-vai-o-ve?)

910. Do I need to make a reservation for the express train?
Czy muszę zrobić rezerwację na pociąg ekspresowy?
(Czy moosh-eh zro-bić re-zer-va-tsye na po-chong eks-pre-so-vy?)

911. Can I upgrade to first class on this flight?
Czy mogę zmienić klasę na pierwszą w tym locie?
(Czy mo-gę zmye-nić kla-se na pyerv-shą v tym lo-tse?)

912. Are there any extra fees for luggage on this bus?
Czy są dodatkowe opłaty za bagaż w tym autobusie?
(Czy są do-dat-ko-ve op-ła-ty za ba-gaż v tym au-to-bu-sye?)

913. I'd like to book a sleeper car for the overnight train.
Chciałbym zarezerwować kuszetkę na nocny pociąg.
(Hchyał-bym za-re-zer-vo-vać koo-szet-ke na not-sny po-chong.)

914. What's the schedule for the next ferry to the island?
Jaki jest rozkład następnego promu na wyspę?
(Ya-ki yest roz-kład nas-ten-pe-go pro-mu na vys-pę?)

> **Cultural Insight:** On Fat Thursday, Poles indulge in pączki, delicious jam-filled doughnuts, often seen as a precursor to Lent's fasting.

915. Are there any available seats on the evening bus to the beach?
Czy są wolne miejsca w wieczornym autobusie na plażę?
(*Czy są vol-ne myeys-ca v vyeh-tzor-nym au-to-bu-sye na płażę?*)

916. Can I pay for my metro ticket with a mobile app?
Czy mogę zapłacić za bilet metra aplikacją mobilną?
(*Czy mo-gę za-pwa-chić za bi-let me-tra apli-kats-yą mobi-lną?*)

917. Is there a discount for purchasing tickets online?
Czy jest zniżka na bilety kupione przez internet?
(*Czy yest zneeż-ka na bi-le-ty koo-po-ne pżez in-te-rnet?*)

918. How much is the parking fee at the train station?
Ile wynosi opłata za parking przy stacji kolejowej?
(*I-le vy-no-si op-ła-ta za par-king pżi stat-syi ko-le-o-vej?*)

919. I'd like to reserve two seats for the next shuttle bus.
Chciałbym zarezerwować dwa miejsca na następny autobus wahadłowy.
(*Hchyał-bym za-re-zer-vo-vać dva myeys-ca na nas-ten-ny au-to-bus vaha-dło-vy.*)

920. Do I need to validate my ticket before boarding the tram?
Czy muszę skasować bilet przed wejściem do tramwaju?
(*Czy moosh-eh ska-so-vać bi-let pżed vey-sh-tyem do tram-va-yoo?*)

921. Can I buy a monthly pass for the subway?
Czy mogę kupić miesięczny bilet okresowy na metro?
(*Czy mo-gę koo-pić mye-shetch-ny bi-let ok-re-so-vy na me-tro?*)

922.   Are there any group rates for the boat tour?
        Czy są jakieś zniżki grupowe na wycieczkę łodzią?
        (*Czy są ya-ki-eś zneeż-ki groo-po-ve na vy-chetch-ke wod-zą?*)

> **Travel Story:** At a bakery in Łódź, the baker declared,
> "Chleb to podstawa życia," which translates to "Bread is
> the foundation of life."

Arranging Travel

923.   I need to book a flight to Paris for next week.
        Muszę zarezerwować lot do Paryża na przyszły tydzień.
        (*Moo-szę za-re-zer-vo-vać lot do Pa-ryża na pży-shył ty-dzyeń.*)

924.   What's the earliest departure time for the high-speed train?
        **Jaki jest najwcześniejszy czas odjazdu pociągu dużych
        prędkości?**
        (*Ya-ki yest nai-vchen-shny-szy czas od-yaz-du po-chą-gu du-żych
        pren-dko-sci?*)

925.   Can I change my bus ticket to a later time?
        **Czy mogę zmienić mój bilet autobusowy na późniejszy
        termin?**
        (*Czy mo-gę zmye-nić mój bi-let au-to-bu-so-vy na póź-niey-shzy
        ter-min?*)

926.   I'd like to rent a car for a week.
        Chciałbym wynająć samochód na tydzień.
        (*Hchyał-bym vy-na-yonć sa-mo-hód na ty-dzyeń.*)

> **Fun Fact:** Poland has its own version of Valentine's Day
> celebrated on 21st July, called "Święto Zakochanych".

927. Is there a direct flight to New York from here?
Czy jest bezpośredni lot do Nowego Jorku stąd?
(*Czy yest bez-poh-shred-nee lot do No-ve-go Yor-ku stond?*)

928. I need to cancel my reservation for the cruise.
Muszę anulować moją rezerwację na rejs.
(*Moo-szę a-no-lo-vać mo-yą re-zer-va-tsye na reis.*)

929. Can you help me find a reliable taxi service for airport transfers?
Czy możesz pomóc mi znaleźć niezawodną taksówkę na transfer z lotniska?
(*Czy mo-zhesh po-móc mi zna-leźć nye-za-vo-dną tak-sów-ke na trans-fer z lot-nis-ka?*)

930. I'm interested in a guided tour of the city.
How can I arrange that?
Jestem zainteresowany przewodnikiem po mieście. Jak mogę to zorganizować?
(*Ye-stem zain-te-re-so-va-ny psh-e-vod-ni-ki-em po mye-ście. Yak mo-gę to zo-ga-ni-zo-vać?*)

931. Do you have any information on overnight buses to the capital?
Czy masz jakieś informacje o nocnych autobusach do stolicy?
(*Czy mash ya-ki-eś in-for-ma-tsy-e o nots-nyh au-to-bu-sah do sto-li-tsy?*)

932. I'd like to purchase a travel insurance policy for my trip.
Chciałbym wykupić polisę ubezpieczeniową na moją podróż.
(*Hchyał-bym vy-koo-pić po-li-se oo-bez-pye-chen-yo-vą na mo-yą po-droż.*)

> **Cultural Insight:** Bread (chleb) holds a sacred place in Polish culture, often sprinkled with salt during significant events or when greeting guests.

933.　Can you recommend a good travel agency for vacation packages?
Czy może Pan/Pani polecić dobrą agencję turystyczną oferującą pakiety wakacyjne?
(*Czy może Pan/Pa-ni po-le-cić do-brą a-gen-cję tu-rys-ty-czną o-fe-ru-yą-cą pa-ki-e-ty va-ka-cyj-ne?*)

934.　I need a seat on the evening ferry to the island.
Potrzebuję miejsce na wieczornym promie na wyspę.
(*Potrze-bu-ję m-yes-tse na vyeh-zor-nym pro-mie na vy-spę.*)

935.　How can I check the departure times for international flights?
Jak mogę sprawdzić godziny odjazdów międzynarodowych lotów?
(*Yak mo-gę sprav-dzić godz-iny od-yaz-dów myę-dzy-na-ro-do-vyh lotów?*)

936.　Is there a shuttle service from the hotel to the train station?
Czy jest serwis transferowy z hotelu na stację kolejową?
(*Czy yest ser-vis trans-fe-ro-vy z ho-te-lu na sta-tsye ko-le-yo-vą?*)

937.　I'd like to charter a private boat for a day trip.
Chciałbym wynająć prywatną łódź na jednodniową wycieczkę.
(*Hchyał-bym vy-na-yąć pry-vat-ną wódź na ye-dno-dnyo-vą vy-chetch-ke.*)

938.　Can you assist me in booking a vacation rental apartment?
Czy może mi Pan/Pani pomóc w rezerwacji apartamentu wakacyjnego?
(*Czy może mi Pan/Pa-ni po-móc v re-zer-va-tsji a-par-ta-men-tu va-ka-cyj-ne-go?*)

939.   I need to arrange transportation for a group of 20 people.
Muszę zorganizować transport dla grupy 20 osób.
(*Moo-szę zor-ga-ni-zo-vać trans-port dla gru-py
dva-dzieś-cia o-sób.*)

940.   What's the best way to get from the airport to the city center?
**Jaki jest najlepszy sposób, aby dostać się z lotniska do
centrum miasta?**
(*Ya-ki yest nai-lep-szy spó-sób, a-by do-stać się z lot-nis-ka do
tsen-trum mya-sta?*)

941.   Can you help me find a pet-friendly accommodation option?
**Czy może mi Pan/Pani pomóc znaleźć miejsce
zakwaterowania przyjazne dla zwierząt?**
(*Czy może mi Pan/Pa-ni po-móc zna-leźć myes-tse
zak-va-te-ro-va-nia pry-yaz-ne dla zvyer-ząt?*)

942.   I'd like to plan a road trip itinerary for a scenic drive.
**Chciałbym zaplanować trasę podróży samochodem po
malowniczych drogach.**
(*Hchyał-bym za-plan-o-vać tra-sę po-dró-ży sa-mo-ho-dem po
ma-lov-ni-czych dro-gach.*)

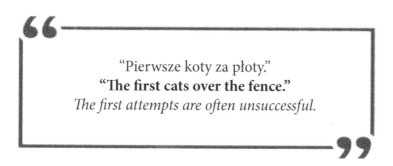

"Pierwsze koty za płoty."
"The first cats over the fence."
The first attempts are often unsuccessful.

Word Search Puzzle: Transport & Directions

CAR
SAMOCHÓD
BUS
AUTOBUS
AIRPORT
LOTNISKO
SUBWAY
METRO
TAXI
TAKSÓWKA
STREET
ULICA
MAP
MAPA
DIRECTION
KIERUNEK
TRAFFIC
RUCH ULICZNY
PARKING
PARKING
PEDESTRIAN
PIESZY
HIGHWAY
AUTOSTRADA
BRIDGE
MOST
ROUNDABOUT
RONDO
TICKET
BILET

```
Y D E D I C G T N Y L X C A P
N A A W N P U Z Z Y T I M U A
T E W I I U L R X R F R B T R
O E M B E C I O R F Q O G O K
Z B L P U I C M A A G U X B I
V H X I A S A R Q L B N U U N
S Q Z G B P T A N X P D K S G
T U L T O I N R H B W A Q C L
T A K S Ó W K A L W O B Z T I
T Y D V I A Z G G T Y O C X G
P V K E H Y P R P S R U A O M
C U X L B A Z H Z T P T X N F
D S Y U R R O S H B Q M A W R
K S Y K H N J A E A K K R O G
V W I M S R K Q K I U I N Y L
L N J X F C R U C H P D E Y O
G O N U N O J C B Y O J T A Z
S R U H I I A B R N S R B W N
U T Z P J X Z S Z K A G P H N
A E R M F G K R K C Y Y X G T
Q M M E P O K S I N T O L I O
L D B O E B R I D G E P V H Z
B T U F S T R U A V L I E G K
B U R U X T H I L K Q A D A H
Q U I V W Z R W B I I D M L A
M E S U A P A M G R C K F D M
Z J X W O N X V V A X Z A I V
M E P R B H O W S J K R N X K
C T T J I K Y I X R T P P Y E
B B W T N A I R T S E D E P N
V C T E K C I T O C D S L V U
H X T Z D Y O T C A E C R Q R
P L H H Q C U C J B S R A M E
J F X G Y A F U S S L X I V I
S D L C L Q S A M O C H Ó D K
```

Correct Answers:

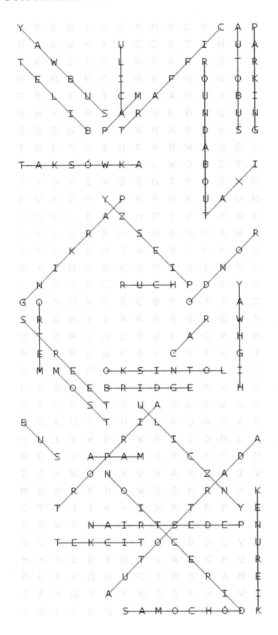

214

SPECIAL OCCASIONS

- EXPRESSING WELL WISHES AND CONGRATULATIONS -
- CELEBRATIONS AND CULTURAL EVENTS -
- GIVING AND RECEIVING GIFTS -

Expressing Well Wishes & Congratulations

943.   Congratulations on your graduation!
       Gratulacje z okazji ukończenia studiów!
       (Gra-tu-la-cje z o-ka-ji u-koń-cze-nia stu-dyów!)

944.   Best wishes for a long and happy marriage.
       Najlepsze życzenia długiego i szczęśliwego małżeństwa.
       *(Naj-lep-sze ży-cze-nia dłu-go-ego i szczę-śli-we-go
       mał-żeń-stwa.)*

945.   Happy anniversary to a wonderful couple.
       Szczęśliwej rocznicy dla wspaniałej pary.
       (Szczę-śli-wej rocz-ni-cy dla wspan-iał-ej pa-ry.)

946.   Wishing you a speedy recovery.
       Życzę szybkiego powrotu do zdrowia.
       (Ży-czę szyb-kiego po-vro-tu do zdro-via.)

947.   Congratulations on your new job!
       Gratulacje z okazji nowej pracy!
       (Gra-tu-la-cje z o-ka-ji no-wej pra-cy!)

       Travel Story: In the salt mines of Wieliczka, a guide
       remarked, "Sól ziemi ma moc," meaning "The salt of the
       earth has power."

948.   May your retirement be filled with joy and relaxation.
       Niech emerytura przyniesie Ci radość i relaks.
       (Nyeh e-me-ry-tu-ra przy-nye-sie Ci ra-dość i re-laks.)

949. Best wishes on your engagement.
Najlepsze życzenia z okazji zaręczyn.
(*Naj-lep-sze ży-cze-nia z o-ka-ji za-rę-czyn.*)

950. Happy birthday! Have an amazing day.
Wszystkiego najlepszego z okazji urodzin! Życzę wspaniałego dnia.
(*Vszys-tkie-go naj-lep-sze-go z o-ka-ji u-ro-dzin! Ży-czę wspan-iał-e-go dnia.*)

> **Cultural Insight:** Instruments like the accordion, fiddle, and bagpipes create the distinctive sound of Polish folk music, often heard during festivals.

951. Wishing you success in your new venture.
Życzę sukcesu w nowym przedsięwzięciu.
(*Ży-czę suk-ce-su w no-wym przed-się-wzię-ciu.*)

952. Congratulations on your promotion!
Gratulacje z okazji awansu!
(*Gra-tu-la-cje z o-ka-ji a-wan-su!*)

953. Good luck on your exam—you've got this!
Powodzenia na egzaminie - dasz radę!
(*Po-vo-dze-nia na eg-za-mi-nie - dash ra-dę!*)

954. Best wishes for a safe journey.
Najlepsze życzenia bezpiecznej podróży.
(*Naj-lep-sze ży-cze-nia bez-pyecz-nej po-dró-ży.*)

955. Happy retirement! Enjoy your newfound freedom.
Szczęśliwej emerytury! Korzystaj z nowo zdobytej wolności.
(*Szczę-śli-wej e-me-ry-tu-ry! Kor-zy-staj z no-vo zdo-by-tej wol-no-ści.*)

956. Congratulations on your new home.
Gratulacje z okazji nowego domu.
(*Gra-tu-la-cje z o-ka-ji no-we-go do-mu.*)

957. Wishing you a lifetime of love and happiness.
Życzę ci życia pełnego miłości i szczęścia.
(*Ży-czę ci ży-cia peł-ne-go mi-ło-ści i szczę-ścia.*)

958. Best wishes on your upcoming wedding.
Najlepsze życzenia z okazji zbliżającego się ślubu.
(*Naj-lep-sze ży-cze-nia z o-ka-ji zbli-ża-ją-ce-go się ślu-bu.*)

959. Congratulations on the arrival of your baby.
Gratulacje z okazji narodzin twojego dziecka.
(*Gra-tu-la-cje z o-ka-ji na-ro-dzin two-je-go dziec-ka.*)

960. Sending you warmest thoughts and prayers.
Wysyłam ci najserdeczniejsze myśli i modlitwy.
(*Wy-sy-łam ci naj-ser-decz-niej-sze my-śli i mod-lit-wy.*)

961. Happy holidays and a joyful New Year!
Wesołych świąt i szczęśliwego Nowego Roku!
(*We-so-łych świąt i szczę-śli-we-go No-we-go Ro-ku!*)

962. Wishing you a wonderful and prosperous future.
Życzę ci wspaniałej i dostatniej przyszłości.
(*Ży-czę ci wspan-iał-ej i do-stat-nej przy-szło-ści.*)

Idiomatic Expression: "Na bakier z głową." -
Meaning: "To be not right in the head."
(Literal translation: "On bad terms with the head.")

Celebrations & Cultural Events

963. I'm excited to attend the festival this weekend.
      Nie mogę się doczekać udziału w festiwalu w ten weekend.
      (Nie mo-gę się do-cze-kać u-dzia-łu w fes-ti-wa-lu w ten wee-kend.)

964. Let's celebrate this special occasion together.
      Świętujmy razem tę wyjątkową okazję.
      (Świę-tuj-my ra-zem tę wy-jąt-ko-wą o-ka-żę.)

      > **Fun Fact:** The Manufaktura in Łódź is one of Europe's largest shopping and cultural centers.

965. The cultural parade was a vibrant and colorful experience.
      Parada kulturowa była pełna życia i kolorów.
      (Pa-ra-da kul-tu-ro-wa by-ła peł-na ży-cia i ko-lo-rów.)

966. I look forward to the annual family reunion.
      Nie mogę się doczekać corocznego zjazdu rodzinnego.
      (Nie mo-gę się do-cze-kać co-roc-zne-go zjaz-du rod-zin-ne-go.)

967. The fireworks display at the carnival was spectacular.
      Pokaz fajerwerków na karnawale był spektakularny.
      (Po-kaz faj-er-wer-ków na kar-na-wa-le był spek-ta-ku-lar-ny.)

968. It's always a blast at the neighborhood block party.
      Zabawa na festynie sąsiedzkim jest zawsze fantastyczna.
      (Za-ba-wa na fes-ty-nie są-siedz-kim jest zaw-sze fan-tas-tycz-na.)

969. Attending the local cultural fair is a tradition.
Udział w lokalnym jarmarku kulturalnym jest tradycją.
(Ud-zi-ał w lo-kal-nym yar-mar-ku kul-tu-ral-nym jest tra-dy-cją.)

970. I'm thrilled to be part of the community celebration.
Jestem zachwycony, że mogę być częścią święta społeczności.
(Jest-em za-chwy-co-ny, że mo-gę być czę-ścią świę-ta spo-łecz-no-ści.)

971. The music and dancing at the wedding were fantastic.
Muzyka i taniec na weselu były fantastyczne.
(Mu-zy-ka i ta-niec na we-se-lu by-ły fan-tas-tycz-ne.)

972. Let's join the festivities at the holiday parade.
Dołączmy do festynu podczas świątecznej parady.
(Do-łącz-my do fes-ty-nu pod-czas świą-tecz-nej pa-ra-dy.)

973. The cultural exchange event was enlightening.
Wydarzenie wymiany kulturalnej było pouczające.
(Wy-dar-ze-nie wy-mia-ny kul-tu-ral-nej było pou-cza-ją-ce.)

974. The food at the international festival was delicious.
Jedzenie na międzynarodowym festiwalu było pyszne.
(Je-dze-nie na międ-zy-na-ro-dow-ym fes-ty-wa-lu było py-szne.)

> **Travel Story:** On the streets of Gliwice, a grandmother advised, "Stare przysłowia mają mądrość," translating to "Old proverbs hold wisdom."

975. I had a great time at the costume party.
Świetnie bawiłem się na balu kostiumowym.
(*Świet-nie ba-wi-łem się na ba-lu kos-tiu-mo-wym.*)

976. Let's toast to a memorable evening!
Wznosimy toast za niezapomniany wieczór!
(*Wzno-si-my toast za nie-za-pom-nia-ny wie-czór!*)

977. The concert was a musical extravaganza.
Koncert był muzycznym ekstrawagancem.
(*Kon-cert był mu-zycz-nym eks-tra-wa-gan-cem.*)

978. I'm looking forward to the art exhibition.
Nie mogę się doczekać wystawy sztuki.
(*Nie mo-gę się do-cze-kać wy-sta-wy sztu-ki.*)

979. The theater performance was outstanding.
Przedstawienie teatralne było wybitne.
(*Przed-sta-wie-nie tea-tral-ne było wy-bit-ne.*)

980. We should participate in the charity fundraiser.
Powinniśmy wziąć udział w zbiórce charytatywnej.
(*Po-win-ni-smy wziąć ud-ział w zbior-ce cha-ry-ta-tyw-nej.*)

981. The sports tournament was thrilling to watch.
Oglądanie turnieju sportowego było emocjonujące.
(*O-głą-da-nie tur-nie-ju spor-to-we-go było e-moc-jo-nu-ją-ce.*)

982. Let's embrace the local customs and traditions.
Przyjmijmy lokalne zwyczaje i tradycje.
(*Przyj-mij-my lo-kal-ne zwycz-aje i tra-dyc-je.*)

Giving and Receiving Gifts

983.   I hope you like this gift I got for you.
Mam nadzieję, że spodoba ci się ten prezent, który dla ciebie kupiłem.
(Mam na-dzie-ję, że spo-do-ba ci się ten pre-zent, któ-ry dla cie-bie ku-pi-łem.)

984.   Thank you for the thoughtful present!
Dziękuję za przemyślany prezent!
(Dzię-ku-ję za prze-myś-la-ny pre-zent!)

> **Idiomatic Expression:** "Na złość babci odmrozić sobie uszy." - Meaning: "To cut off one's nose to spite one's face." (Literal translation: "To freeze one's ears to spite the grandmother.")

985.   It's a token of my appreciation.
To wyraz mojego uznania.
(To wy-raz mo-je-go uz-na-nia.)

986.   Here's a little something to brighten your day.
Oto mały upominek, aby rozjaśnić twój dzień.
(O-to ma-ły u-po-mi-nek, a-by roz-jas-nić twój dzień.)

987.   I brought you a souvenir from my trip.
Przyniosłem ci pamiątkę z mojej podróży.
(Przy-nio-słem ci pa-miąt-kę z mo-jey po-dró-ży.)

988.   This gift is for you on your special day.
Ten prezent jest dla ciebie na twój wyjątkowy dzień.
(Ten pre-zent jest dla cie-bie na twój wy-jąt-ko-wy dzień.)

> **Fun Fact:** The traditional Polish dance is called the "Polonaise".

989. You shouldn't have, but I love it!
Nie trzeba było, ale bardzo mi się podoba!
(Nie trze-ba było, ale bar-dzo mi się po-do-ba!)

990. It's a small gesture of my gratitude.
To mały gest mojej wdzięczności.
(To ma-ły gest mo-jey wdzięcz-no-ści.)

991. I wanted to give you a little surprise.
Chciałem ci sprawić małą niespodziankę.
(Chcia-łem ci spra-wić ma-łą nie-spo-dzian-kę.)

992. I hope this gift brings you joy.
Mam nadzieję, że ten prezent przyniesie ci radość.
(Mam na-dzie-ję, że ten pre-zent przy-nie-sie ci ra-dość.)

993. It's a symbol of our friendship.
To symbol naszej przyjaźni.
(To sym-bol na-szey przy-jaź-ni.)

994. This is just a token of my love.
To tylko wyraz mojej miłości.
(To tyl-ko wy-raz mo-jey mi-ło-ści.)

995. I got this with you in mind.
Kupiłem to myśląc o tobie.
(Ku-pi-łem to myś-ląc o to-bie.)

996. I knew you'd appreciate this.
Wiedziałem, że to docenisz.
(Wie-dział-em, że to do-ce-nisz.)

997. I wanted to spoil you a bit.
Chciałem cię trochę rozpieszczać.
(Chcia-łem cię tro-chę roz-piesz-czać.)

998. This gift is for your hard work.
Ten prezent jest za twoją ciężką pracę.
(Ten pre-zent jest za tvo-ją cięż-ką pra-cę.)

999. I hope you find this useful.
Mam nadzieję, że znajdziesz to przydatne.
(Mam na-dzie-ję, że znaj-dziesz to przy-dat-ne.)

1000. It's a sign of my affection.
To znak mojego uczucia.
(To znak mo-je-go u-czu-cia.)

1001. I brought you a little memento.
Przyniosłem ci małą pamiątkę.
(Przy-nio-słem ci ma-łą pa-miąt-kę.)

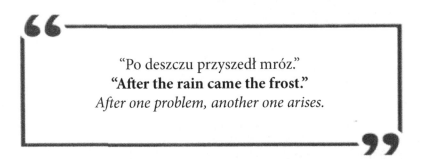

"Po deszczu przyszedł mróz."
"After the rain came the frost."
After one problem, another one arises.

Interactive Challenge: Special Occasions
(Link each English word with their corresponding meaning in Polish)

1) Celebration	Przyjęcie
2) Gift	Niespodzianka
3) Party	Urodziny
4) Anniversary	Prezent
5) Congratulations	Świętowanie
6) Wedding	Uroczysty
7) Birthday	Ceremonia
8) Graduation	Ślub
9) Holiday	Rocznica
10) Ceremony	Toast
11) Tradition	Gratulacje
12) Festive	Święto
13) Greeting	Ukończenie studiów
14) Toast	Powitanie
15) Surprise	Tradycja

Correct Answers:

1. Celebration - Świętowanie
2. Gift - Prezent
3. Party - Przyjęcie
4. Anniversary - Rocznica
5. Congratulations - Gratulacje
6. Wedding - Ślub
7. Birthday - Urodziny
8. Graduation - Ukończenie studiów
9. Holiday - Święto
10. Ceremony - Ceremonia
11. Tradition - Tradycja
12. Festive - Uroczysty
13. Greeting - Powitanie
14. Toast - Toast
15. Surprise - Niespodzianka

CONCLUSION

Congratulations on reaching the final pages of your Polish language adventure! Whether you are envisioning yourself ambling through the historic streets of Kraków, enjoying the serene beauty of the Masurian Lake District, or engaging with the vibrant city life of Warsaw, your resolve in mastering Polish is truly laudable.

This phrasebook has been your companion, providing you with key phrases and expressions that are essential for smooth communication. You've journeyed from the universally understood "Cześć" to more complex phrases, arming yourself to participate in meaningful dialogues, navigate diverse situations, and connect with the rich tapestry of Polish culture.

The path to language proficiency is a fulfilling endeavor. Your efforts have laid a solid groundwork for achieving fluency in Polish. Remember, language is a reflection of culture—alive, dynamic, and ever-evolving. Immersing yourself in conversations with native speakers and experiencing authentic contexts will sharpen your linguistic skills further.

If this phrasebook has been instrumental in your journey, I would be thrilled to hear about it! Reach out on Instagram: **@adriangruszka** to share your stories, seek advice, or just to say "Cześć!". If you talk about this book on social media, tagging me would be wonderful—I am eager to celebrate your linguistic milestones.

For additional resources, deeper insights, and the latest news, visit **www.adriangee.com**. There, a wealth of information awaits, including recommended courses and a passionate community of language learners cheering on your progress.

Embracing a new language goes beyond grammar and vocabulary; it is about connecting with people and understanding their ways of life. Your enthusiasm for learning and adapting is your greatest asset in this linguistic quest. Seize every opportunity to explore, engage, and acquire knowledge.

Powodzenia! (Good luck!) Stay dedicated to your practice, continually refine your skills, and most importantly, enjoy every step of your Polish language journey.

Dziękuję! (Thank you) for choosing this phrasebook. May your future be filled with enchanting experiences and triumphs as you continue to explore the world of languages!

- Adrian Gee

Made in the USA
Monee, IL
18 April 2024

57117131R00142